環境新聞 ブックレット

シリーズ 14 Series 14

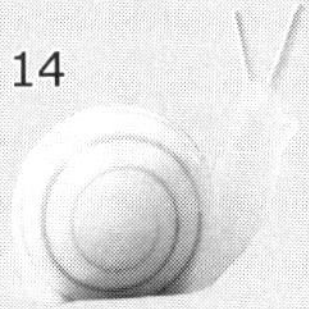

経営に生かすSDGs講座

—持続可能な経営のために—

伊藤園 顧問
笹谷 秀光◎著

目次

はじめに　今、なぜＳＤＧｓか

ガラパゴス化しないために

「ガラケー（ガラパゴス・ケータイ）」。これは特殊な進化を遂げた日本製携帯端末の自虐的表現だ。世界の変化が激しいため、島国日本では国際標準からかけ離れてしまい、競争力を失う製品・サービスや日本独自の制度など「ガラパゴス化」するものがいまだに多い。

日本の携帯は、日本独自の通信方式（ＰＤＣ方式）で高機能の国内競争をしている間に欧州のＧＳＭ方式が標準規格になってガラパゴス化した。

ガラパゴス諸島は太平洋の東果ての赤道下にあるエクアドル領の諸島で、大小多くの島と岩礁からなる。「種の起源」のダーウィンが測量船ビーグル号で航海し進化論の着想を得た。北端にはダーウィンの名前を冠したダーウィン島がある。

ガラパゴス諸島は１９７８年に世界遺産（自然遺産）として登録された。大陸と陸続きになった歴史を持たないため隔離された中で希少生物などが独自の進化を遂げて生存している。

本書がテーマとする持続可能な開発目標（Sustainable Development Goals：ＳＤＧｓ）でも、日本で横文字だからと「解読作業」をしている間に出遅れ、世界から置いて行かれてガラパゴス化するリスクがあると筆者は危惧している。

ＳＤＧｓはこれまでの社会的責任に関するルール以上に企業の役割が重視され、世界企業が使いこなしているからだ。

国際標準化を活用する欧米

欧米諸国、特に欧州は国際標準を作るのも活用するのもうまい。筆者が感心したのはロンドン五輪・パラリンピックだ。

２０１２年に、英国規格ＢＳ８９０１を基に策定された、持続可能なイベントのためのマネジメントシステムの国際規格「ＩＳＯ２０１２１」が発行された。社会、環境、経済の目標を同時に達成するために、イベント開催組織が行うべき要件を定めている。

そして、同年に開催されたロンドン大会が、ＩＳＯ２０１２１に準拠した第1号の五輪・パラリンピックとなった。これがロンドン五輪の代表的なレガシーの一つとなり、持続可能性について評価を高め、その後の五輪にも受け継がれている。

（なお、この規格に準拠した日本国内初の適用は横浜市の12年のトライアスロン大会である。https://yokohamatriathlon.jp/wts/iso.html）

持続可能性の共通言語ＳＤＧｓ

変化の激しい国際情勢の中で、今後の中長期的な企業の成長戦略を描く上で羅針盤となる国際的な共通言語があると心強い。それに役立つものがＳＤＧｓである。これは15年9月の国連サミットで採択された「持続可能な開発のための２０３０アジェンダ－我々の世界を変革する―」に記載された30年までの国際目標である。

深刻化する現下の地球規模課題の分析を踏まえ、持続可能な世界を実現するための17の目標と１６９のターゲットから成り立つ。地球上の誰一人として取り残さないことを誓い、発展途上国も先進国もすべての関係者で取り組む普遍的なものだ。

ＳＤＧｓは、５つのＰで示す分野をカバーしており、17目標をあてはめると次のようにとらえることができる（国連広報局資料、ＳＤＧｓ市民社会ネットワークの整理を参照した）。17目標にはわかりやすいピクトグラム（絵文字）が作られている。

・People（人間）：世界の貧困をなくすために、目標1（貧困）目標2（飢餓）目標3（保健）目標4（教育）目標5（ジェンダー）目標6（水・衛生）等。

・Prosperity（繁栄）：つづく経済をつくるために、目標7（エネルギー）目標8（成長・雇用）目標9（イノベーション）目標10（不平等）目標11（持続可能な都市）等。

・Planet（地球）：環境を守り育てるために、目標12（持続可能な生産と消費）目標13（気

SDGsの１７目標（外務省資料より）

ロゴ：国連広報センター作成

候変動）目標14（海洋資源）目標15（陸上資源）等。

・Peace（平和）：ＳＤＧｓを実現する仕組みのために、目標16（平和）。

・Partnership（協働）：ＳＤＧｓを実現する資金と協力関係のために、目標17（実施手段）。

ＳＤＧｓはその前身の15年までのミレニアム開発目標（ＭＤＧｓ）※の後継として3年もの議論を経て策定され２０１６年1月から発効した。持続可能性に関する国際ルールの集大成である。

今や、世界でさまざまなルールや基準が作られ、良い内容のものは、どんどん事実上の標準化（デファクトスタンダード化）していく時代だ。日本は世界発のルールに対応するだけでなく、これを「自分ごと化」して使いこなし、さらにはルールメイキングにも参画していくべきだ。20年東京五輪・パラリンピック（以下「東京五輪」と略す）

を契機に日本発の国際基準ができてもいいのではないか。

ソフトローの世界では「発信型・開示型三方よし」

もう一つの考慮すべき要素が法的拘束力を伴ういわゆる「ハードロー」から自主的な取り組みを促す「ソフトロー」への移行の流れだ。最近ではTPP11が地域協定なのでようやく発効する見込みだが、世界中の国々の制度を縛るハードローは利害の対立で国際的な合意が難しくなった。01年に立ち上がったものの以降合意ができていないWTOドーハ・ラウンドの貿易ルール策定などが代表的だ。

SDGsをはじめとして、「社会的責任の手引」ISO26000など社会的責任に関するルールはソフトローが多く、順守義務や外部チェック機関の認証がある仕組みではない。

日本では14年の日本再興戦略によりスチュワードシップ・コードとコーポレートガバナンス・コードができたが、これらもソフトローである。「コンプライ・オア・エクスプレイン(Comply or Explain)」つまり、「ルールに従え(comply)、従わないのであればその理由を説明せよ(explain)」という仕組みだ。

自発的・自主的な制度活用は日本企業よりも欧米企業の方が慣れている。そろそろ日

「発信型(開示型)三方よし」

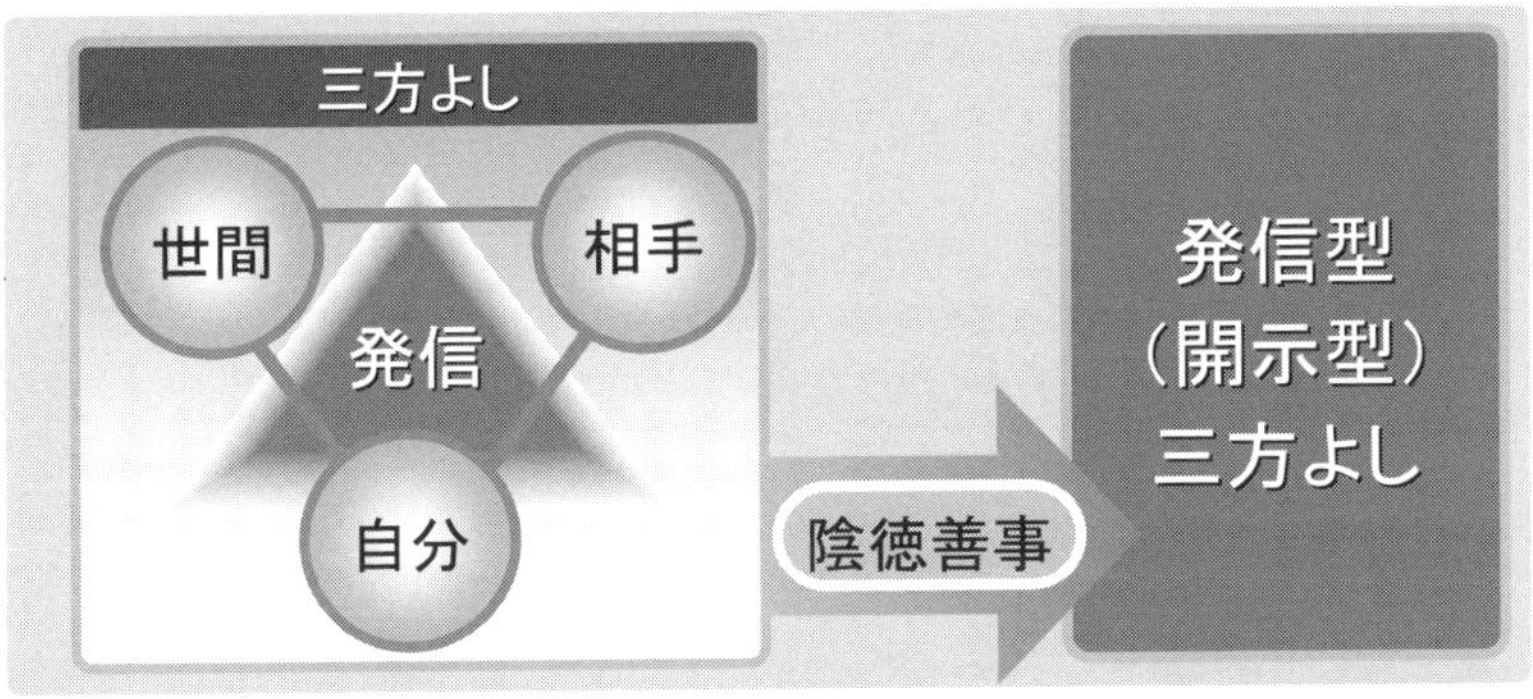

本企業もソフトロー活用型のルールに慣れていく時期に来ていると思う。

また、このような制度活用では情報開示を強化しステークホルダーがチェックしていく流れだ。これに対応するため、日本企業も発信性・開示性を高めるべきだ。

考えてみると、日本にはもともと「三方よし」という「相手」や「世間」を大事にする商文化が根付いている。しかし、これとともに心得とされる「陰徳善事」があり開示が抑えられてきた。そこで「発信型・開示型の三方よし」に切り替えていくべきと考える(図表)。

ジャパンSDGsアワードでSDGs実装元年へ

「持続可能な開発」という概念を提起したのは、1987年の国連「環境と開発に関する世界委員会(ブルントラント委員会)」が公表した報告書「我ら共有の未来（Our Common Future）」である。それ以降、社会・環境課題がますます深刻化する中で、経済・環境・社会のトリプルボトムラインの重視や、10年の「社会的責任に関する手引」ＩＳＯ２６０００の発行など、次々に関係者の社会・環境の持続可能性への要請が高まってきた。そして、ＭＤＧｓの後継としてＳＤＧｓができた。

最近では、投資面からも、環境（E：Environment）、社会（S：Social）、企業統治（G：Governance）を重視するＥＳＧ投資が加速している。

筆者は農林水産省時代に外務省や環境省に出向し対外交渉に参画した。その後、伊藤園でＣＳＲを通算7年間担当して国際標準の動きを見てきた。この経験から、Ｅではパリ協定、ＥとＳとＧでＳＤＧｓ、Ｇでコーポレートガバナンス・コードの開始があった15年は実に節目の年であり、「ＥＳＧ元年」であると言ってきた。

今後、ＥＳＧ対応にも有益な羅針盤がＳＤＧｓである。昨年暮れにＳＤＧｓの優れた取り組みを表彰する第１回「ジャパンＳＤＧｓアワード」が、政府の「持続可能な開発目標（ＳＤＧｓ）推進本部」より発表された。筆者が勤務する伊藤園はアワードで特別賞を受賞した。本書では、ジャパンＳＤＧｓアワードの内容も解明していく。

18年は、いよいよ、日本企業もＳＤＧｓを競争戦略に活用する「ＳＤＧｓ実装元年」となるだろう。

そして、20年の東京五輪の調達・イベント運営ルールや25年の日本万国博覧会の大阪

誘致でもＳＤＧｓが基本となる。

以上のタイムラインを念頭に置いて、企業、自治体など関係者が一丸となってＳＤＧｓ先進国を目指すべきである。

ＥＳＧ投資がけん引

企業の間でもＳＤＧｓへの関心が急速に高まっているが、現在の大きな特色はＥＳＧ投資と「裏腹」の関係で話題になっていることだ。

06年に国連のアナン事務総長（当時）が機関投資家に対し、ＥＳＧを投資プロセスに組み入れる「責任投資原則」（PRI：Principles for Responsible Investment）を提唱した。ＰＲＩの署名機関数は世界中で年々増加、17年4月時点で１７００を超える年金基金や運用会社などが署名している。世界全体のＥＳＧ投資残高でみると、16年には22・9兆米ドルで、それに占める割

ESG投資とSDGsの関係　年金積立金管理運用独立行政法人（GPIF）の発信

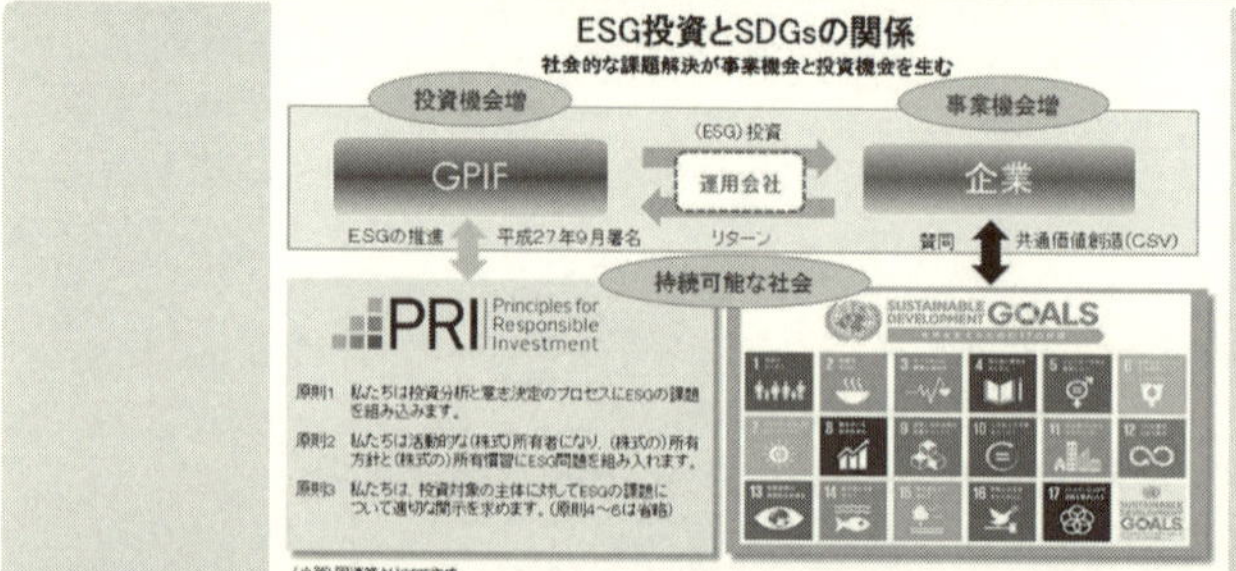

（出所）国連等よりGPIF作成

『GPIFが日本株指数の「JPX日経インデックス400」に採用されている企業を対象に2017年2月から3月にかけて実施したアンケート調査では、「SDGsへの取り組みを始めている」と回答した企業が24%、「SDGsへの取り組みを検討中」と答えた企業も21%を占めました。SDGsに賛同する企業が17の項目のうち自社にふさわしいものを事業活動として取り込むことで、企業と社会の「共通価値の創造」（CSV=Creating Shared Value）が生まれます。その取り組みによって企業価値が持続的に向上すれば、GPIFにとっては長期的な投資リターンの拡大につながります。GPIFによるESG投資と、投資先企業のSDGsへの取り組みは、表裏の関係にあるといえるでしょう。』

（出典）図版・文章抜粋ともにGPIFホームページより　http://www.gpif.go.jp/operation/esg.html#b

合は欧州が52・6%、米国が38・1%であるのに対し、日本は2・1%であったが今後増加が見込まれる（出所：GSIA（2016）Global Sustainable Investment Review）。

日本では、運用資産額約140兆円という世界最大の機関投資家である年金積立金管理運用独立行政法人（GPIF）が15年9月にPRIに署名し、ESG投資の推進を明確化した。さらに17年7月には、ESGに積極的に取り組む日本企業を構成銘柄とする新しいESGインデックス（株式指数）を3つ発表し、同インデックスを用いた運用を既に1兆円規模で開始したと公表した。

その上、GPIFがホームページなどで、ESG投資にはPRI、企業はSDGsを活用すべきとの認識を示し、ESGとSDGsを関連付けて説明している（図表）。これは投資界をはじめ関係方面に大きな影響を与えている。

これまでの企業の社会的責任（Corporate Social Responsibility：ＣＳＲ）とは異なり、ＳＤＧｓはＥＳＧ投資と関連してＩＲ（Investor Relations）の局面が重要となっている。このため、経営陣の関心が急速に高まっており、ＩＲ、広報、ＣＳＲ、経営企画などの部署の連携強化が求められている。

本書は、連載記事を一部の加筆修正以外は手を加えずにそのまま掲載し、最新のシンポジウム記録などを加えてまとめたものである。

ＳＤＧｓがなぜ企業や自治体に必要か、関係者連携のコツは何か、ＥＳＧとの関係は何か、ジャパンＳＤＧｓアワードの意義は何かを中心に解説し、ＳＤＧ先進国への道筋を探る。本書がＳＤＧｓについて、企業はもちろん、政策関係者、自治体、大学、メディア、ＮＰＯ／ＮＧＯなど幅広い関係者にとっての理解の一助となれば幸いである。

※ミレニアム開発目標（Millennium Development Goals: MDGs）は、00年9月に採択された国連ミレニアム宣言を基にまとめられた01年から15年までの開発分野における国際目標である。ＭＤＧｓは、極度の貧困と飢餓の撲滅など、8つの目標で一定の成果をあげ、後継となるＳＤＧｓに引き継がれた。ＭＤＧｓのレビューを踏まえ、ＳＤＧｓはＭＤＧｓと次の相違がある。①途上国の開発問題が中心で、先進国はそれを援助する側という位置づけであったＭＤＧｓに対し、ＳＤＧｓでは開発側面だけでなく経済・社会・環境の3側面全てに対応し、先進国にも共通の課題として設定。②目標も8から17に増えて包括的。③ＳＤＧｓでは課題解決のための企業の創造性とイノベーションを期待し企業の役割を重視。

ＭＤＧｓの8目標は①極度の貧困と飢餓の撲滅、②普遍的初等教育の達成、③ジェンダーの平等の推進と女性の地位向上、④幼児死亡率の削減、⑤妊産婦の健康の改善、⑥ＨＩＶ／エイズ、マラリアその他疾病の蔓延防止、⑦環境の持続可能性の確保、⑧開発のためのグローバル・パートナーシップの推進であった。

経営に生かすＳＤＧｓ講座
―持続可能な経営のために―

①持続可能性の共通言語ＳＤＧｓ

〈環境新聞２０１７年５月３日付掲載〉

持続可能性時代の羅針盤

ＳＤＧｓとは、２０１５年に国連が定めた「持続可能な開発目標」（Sustainable Development Goals）である。「持続可能な開発のための２０３０アジェンダ―我々の世界を変革する―」で示された。「貧困の撲滅」「飢餓をゼロに」「健康の確保」など17の目標をまとめた先進国と開発途上国が共に取り組む普遍的な目標で、政府も企業も参加する。

日本政府は昨年9月にＳＤＧｓの実施指針を定め、これに沿うように政策を進める。このように重要な目標だが、日本企業にはまだあまり浸透していないようだ。一方、世界を見るとこれを使いこなしている企業が多い。

折しも、20年の東京五輪・パラリンピックは資材調達から実施まで世界標準の形で開催される。つまり五輪は「世界標準」が東京に来ることを意味している。五輪が終わってからも良い施設や仕組みを将来に残す五輪レガシー（遺産）として、ＳＤＧｓを踏まえて調達ルールなどが変わっていくであろう。日本企業はＳＤＧｓを理解しなければ五輪後に世界標準から「置いていかれる」ことになるという危機感を持つべきだ。

投資面からもＳＤＧｓ

並行して、投資面からもＳＤＧｓが話題だ。企業の中長期的な投資価値の評価にあたって非財務情報を重視する動きが加速している。環境（Environment）、社会（Social）、ガバナンス（Governance）の頭文字を取った、ＥＳＧ投資である。

そのきっかけの一つは、運用資産額約１４０兆円という世界最大の機関投資家である年金積立金管理運用独立行政法人（ＧＰＩＦ）が15年9月に国連責任投資原則（ＰＲＩ）に署名し、ＥＳＧ投資の推進を明確化したことだ。

いよいよ、ＥＳＧの面でもＳＤＧｓを理解する必要がある。

ＳＤＧｓを理解し活用できるかどうかが企業ブランディングだけでなく投資を呼び込むＩＲ面でも要諦となってきている。

15年は歴史の節目

行政・外交経験とＣＳＲ経験からみると、15年は実に「節目」の年だったと実感する。

ＳＤＧｓとパリ協定（昨年に発効）という2つの歴史的な文書が採択された年だった。

この歴史的意義については、16年の先進7カ国（G7）首脳会議（伊勢志摩サミット）の首脳宣言でも触れられている。「15年は、２０３０アジェンダの歴史的な採択、パリ協定、アディスアベバ（エチオピア）行動目標と共に、全ての国における貧困削減、及び持続可能な開発への我々のアプローチにおける新たな時代の幕開けとなった」

15年は「持続可能性新時代」の幕開けであった。

ビジネスへの活用

ＳＤＧｓは持続可能な社会を実現するための17目標、１６９のターゲット、２３０の指標という広範な施策から構成され、17目標は分かりやすいピクトグラム（絵文字）で表現されている。17目標の内容の詳細は18頁の外務省がまとめた表を参照いただきたい。

例えば、伊藤園に当てはめてみれば、茶産地育成事業は目標2「飢餓をゼロに」の持続可能な農業、カテキン緑茶の開発は目標3の「健康の確保」、茶殻リサイクルは目標13「気候変動対策」などの環境目標、「お～いお茶新俳句大賞」は目標4の「質の高い教育」など、検証すれば17の目標の全てに何らかのつながりがある。

このように、ＳＤＧｓはさまざまな企業活動に当てはめて「紐づけ」でき、身近な目標として活用できる。

しかし、残念ながらＳＤＧｓの認知度が日本では高いとは言えないのはなぜであろうか。その要因の一つはＳＤＧｓの訳語かもしれない。ＳＤＧｓは、先進国、途上国を含む普遍性（Universality）が特色だ。しかし、「Development」が「開発」と訳されているため、途上国を想起させる。そのため「国内事業中心の企業には関係ない」とか、「国際協力の課題」などの受け止め方になるのではないか。「開発」よりも「発展」と訳す方が先進国にも適用させやすい。

ＳＤＧｓについてはまずはこれを理解し使いこなすことが必須だ。なぜ企業に必須か。まず、ＳＤＧｓは今後国の政策などで踏襲され「本流化」していく可能性が高い。加えて、グローバル企業がけん引し、世界的に活用されているからだ。

世界企業がこれを共通言語として活用する中で、日本企業にとっても競争戦略の上で不可欠となる。

今後の連載で触れていくが、ビジネスに役立つよう「ＳＤＧコンパス」という指針も作られている。17の目標はチャンスとリスクの両面で企業経営に役立つ。

五輪で世界を迎える中で、日本企業が世界に遅れることなくＳＤＧｓを「自分モノ化」していくことが緊急課題と考えており、企業経営に生かすための秘訣を解説していくのが本連載の狙いである。

持続可能な開発目標（SDGs）の詳細	
目標1（貧困）	あらゆる場所のあらゆる形態の貧困を終わらせる。
目標2（飢餓）	飢餓を終わらせ、食料安全保障及び栄養改善を実現し、持続可能な農業を促進する。
目標3（保健）	あらゆる年齢のすべての人々の健康的な生活を確保し、福祉を促進する。
目標4（教育）	すべての人に包摂的かつ公正な質の高い教育を確保し、生涯学習の機会を促進する。
目標5（ジェンダー）	ジェンダー平等を達成し、すべての女性及び女児の能力強化を行う。
目標6（水・衛生）	すべての人々の水と衛生の利用可能性と持続可能な管理を確保する。
目標7（エネルギー）	すべての人々の、安価かつ信頼できる持続可能な近代的エネルギーへのアクセスを確保する。
目標8（経済成長と雇用）	包摂的かつ持続可能な経済成長及びすべての人々の完全かつ生産的な雇用と働きがいのある人間らしい雇用（ディーセント・ワーク）を促進する。
目標9（インフラ、産業化、イノベーション）	強靱（レジリエント）なインフラ構築、包摂的かつ持続可能な産業化の促進及びイノベーションの推進を図る。
目標10（不平等）	各国内及び各国間の不平等を是正する。
目標11（持続可能な都市）	包摂的で安全かつ強靱（レジリエント）で持続可能な都市及び人間居住を実現する。
目標12（持続可能な生産と消費）	持続可能な生産消費形態を確保する。
目標13（気候変動）	気候変動及びその影響を軽減するための緊急対策を講じる。
目標14（海洋資源）	持続可能な開発のために海洋・海洋資源を保全し、持続可能な形で利用する。
目標15（陸上資源）	陸域生態系の保護、回復、持続可能な利用の推進、持続可能な森林の経営、砂漠化への対処、ならびに土地の劣化の阻止・回復及び生物多様性の損失を阻止する。
目標16（平和）	持続可能な開発のための平和で包摂的な社会を促進し、すべての人々に司法へのアクセスを提供し、あらゆるレベルにおいて効果的で説明責任のある包摂的な制度を構築する。
目標17（実施手段）	持続可能な開発のための実施手段を強化し、グローバル・パートナーシップを活性化する。

「ＳＤＧｓの 17 目標」（外務省資料より）

② ＳＤＧｓを巡る政府の動き

〈環境新聞２０１７年６月７日付掲載〉

政府の動き

日本政府では、全国務大臣を構成員とする持続可能な開発目標（ＳＤＧｓ）推進本部が設置され、昨年12月22日には「持続可能な開発目標（ＳＤＧｓ）実施指針」が決定された。今回はその概要を紹介する。

同指針では、経済、社会、環境の分野での課題に国内問題としても取組を強化するとし、「ＳＤＧｓの主流化」という表現を使っている。

つまり、国連での決定を受けて、各国政府が政策に反映していくことが想定され、これを受けて、「政府全体及び関係府省庁における各種計画や戦略、方針の策定や改訂に当たっては、ＳＤＧｓ達成に向けた観点を取り入れ、その要素を最大限反映する。同時に、ＳＤＧｓ実施のための府省庁ごと又は各府省庁横断的な取り組みを推進していくための政策誘導として、必要に応じた関係制度改革の検討や、適切な財源確保に努める」と定めた。

これは国際的な動きを受けて日本の政策をＳＤＧｓに向けてシフトさせ「主流化」が進むことを意味する。つまり、各省庁が予算や制度でＳＤＧｓ関連を優先させていく。

ＳＤＧｓの特色

17目標を見るとわかるように、どれも網羅的で複雑な課題であり、その解決には、まず、ステークホルダーの連携が必須である。

同指針に即して、ＳＤＧｓ目標の５つの特色を見ておこう。

（１）普遍性（ユニバーサルティ）　先進国・途上国共通の目標。

（２）包摂性　「誰一人取り残さない」というキーワードの下であらゆる人々への配慮。

（３）参画型　あらゆるステークホルダーの参画を重視し、全員参加型で取り組む。

（４）統合性　ＳＤＧｓのゴールとターゲットは統合され不可分のものであり、経済・社会・環境の３分野での統合的解決が必要。

（５）透明性と説明責任　全員参加型の取り組みであることを確保する上でも、透明性と説明責任が重要。

各関係者の役割

ＳＤＧｓの策定過程でも重要な役割を果たした次のような幅広い関係者との協働・連

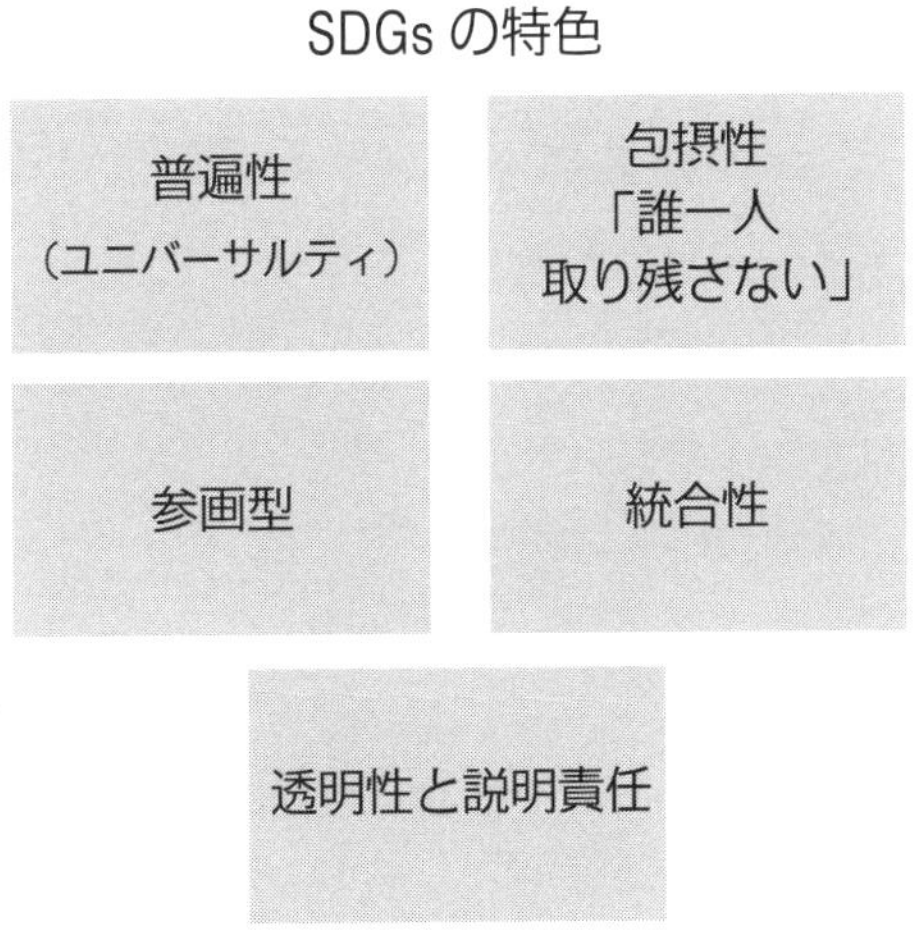

携が重要であるとされている。

（ＮＰＯ・ＮＧＯ）国際的・地域的ネットワークを活かした活動。

（民間企業）ＳＤＧｓに社会貢献活動の一環としてのみならず、本業を通じて社会的課題の解決にイノベーションを生み出す。ビジネスと人権の観点に基づく取り組みやＥＳＧ投資に配慮し、これを重視しつつある投資家の評価にこたえる。

（消費者）持続可能な生産と消費を共に推進。

（地方自治体）ＳＤＧｓを全国的に実施するためには、広く全国の地方自治体及び地域ステークホルダーによる積極的な取り組みを推進することが不可欠。

（科学者コミュニティ）科学技術イノベーションは、多様な分野において課題の達成に不可欠な横断的要素。

（労働組合）労働組合は、労働慣行・人権やディーセント・ワークの実現や持続可能な経済社会の構築に重要な貢献。

SDGs 達成のための関係者連携

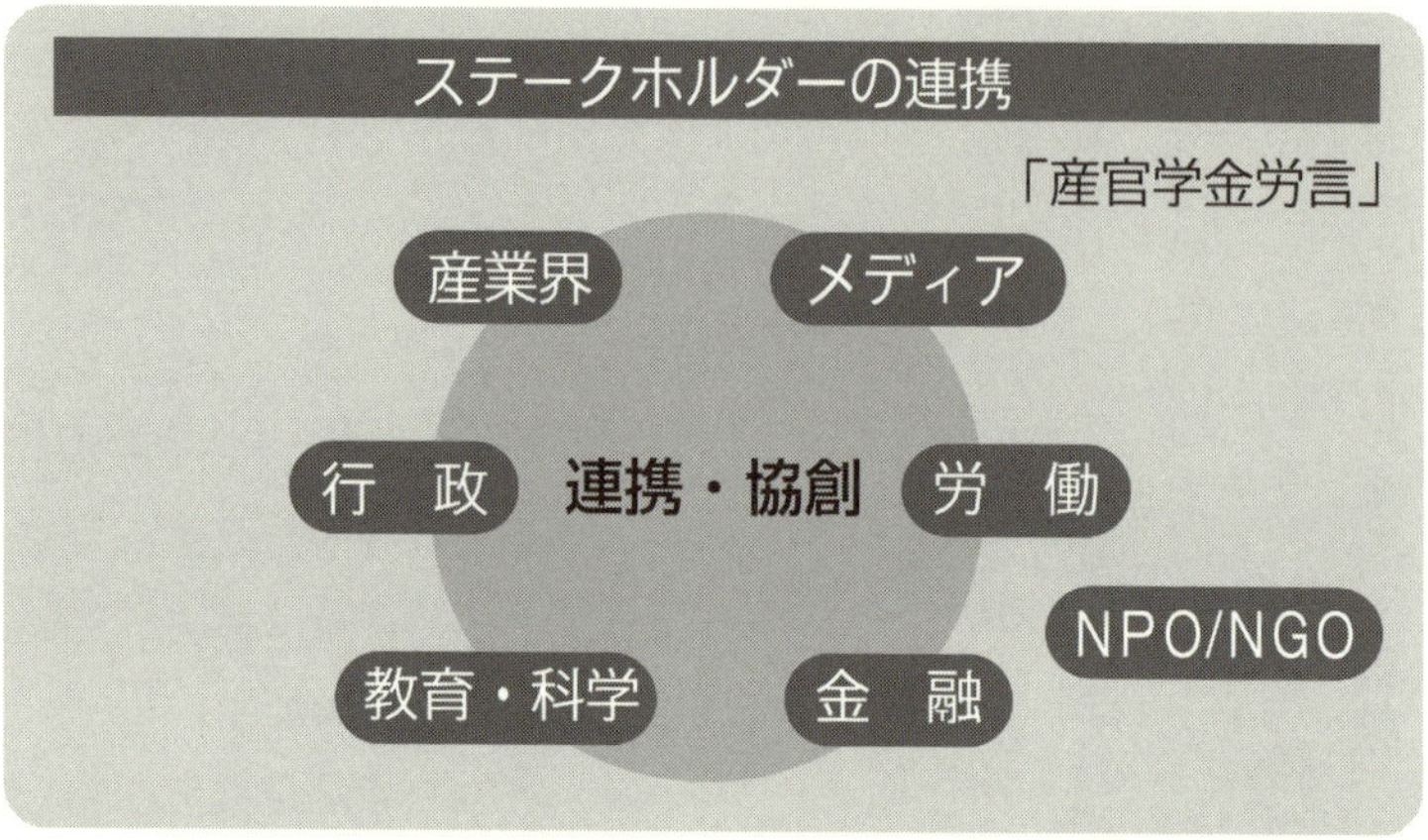

世界的企業がけん引

ＳＤＧｓは企業経営に次の点で役立つ。①将来のビジネスチャンスを見極める、②企業の持続可能性についての価値向上を図る、③ステークホルダーとの関係を強化し、新たな政策方向に沿う、④社会課題を理解し安定的な市場を得る、⑤共通言語として使用し取引先やＮＧＯ／ＮＰＯなどとの目的の共有をする。

このように、ＳＤＧｓの前身のＭＤＧｓとは違い、企業の役割がクローズアップされている。これは複雑な課題解決には企業の本業力が不可欠だからだ。

国内外の企業によるＳＤＧｓの取り組みが注目されているが、ＳＤＧｓ採択とほぼ同時に、国連グローバル・コンパクト（ＵＮＧＣ）、ＧＲＩ(Global Reporting Initiative) 及び持続可能な開発のための世界経済人会議（ＷＢＣＳＤ）により

『SDG Compass：ＳＤＧｓの企業行動指針―ＳＤＧｓを企業はどう活用するか―』が発表された（日本語版は２０１６年3月に公表）。

この内容を見ると従来の社会・環境に関する国際的手引とは異なり「企業がＳＤＧｓを企業経営に組み込むことのメリット」がステップごとに明示され共有価値の創造（ＣＳＶ）色の強い内容である。それもそのはずで、グローバル企業が指針の作成等をけん引しているからである。

さらには、産業別にＳＤＧｓの取組み事例を整理した『SDG Industry Matrix』も16年に発表された（ＵＮＧＣがＫＰＭＧと共同）。これはいわばＳＤＧｓ優良事例集で、食品・飲料・消費財、製造業、金融サービス、エネルギー・天然資源・化学産業、ヘルスケア・ライフサイエンス、運輸・輸送機器及び業種横断的な気候変動対策など産業・テーマ別に作成された（ＧＣＮＪとＫＰＭＧあずさサステナビリティによる日本語版も発表）。この事例集を見ると日本企業のプレゼンスが著しく低い一方、策定段階から関与したグローバル企業の事例がぎっしり詰まっており、グローバル企業はしっかりＳＤＧｓを経営戦略として取り込んでいる。

ＳＤＧｓを経営に活用して発信できるかどうかがコーポレートブランディングの要諦となり競争に差がつく、「サステナビリティ新時代」の幕開けである。

経営に生かすＳＤＧｓ講座
―持続可能な経営のために―

③ ＳＤＧｓに企業はどう対応すべきか

〈環境新聞２０１７年７月５日付掲載〉

伊藤園の事例

ＳＤＧｓに企業はどう対応すべきか。企業現場から見ていると、ＩＳＯ２６０００、ＣＳＶ、ＥＳＧ、ＳＤＧｓなど次々と新概念が発出され、どう体系化していくのか混乱が見られる。すでに浸透・定着しているＩＳＯ２６０００をベースに経営に組み込んでいくことが合理的であると考えられる。

伊藤園ではすでに構築されたＩＳＯ２６０００の体系にＳＤＧｓを組み込むことでより高度なＣＳＲ体系に整えている。

主力の茶飲料事業を例に見ると、「茶畑から茶殻まで」一貫して「持続可能な生産と消費」を体現するバリューチェーン（調達・製造・販売の流れの価値連鎖）に特色がある。本稿では各活動がＳＤＧｓのどの項目に対応しているのかを示していく。ＳＤＧｓが決して途上国対応のような面だけではなく国内も含め幅広く身近な事業に関連することが理解できると思う。

目標２「持続可能な農業」

まず、原料調達の一部で、①契約栽培と②新産地事業（２００１年～）からなる「茶産地育成事業」を実施。新産地事業では、全量買い取り契約と技術指導で農家の経営安定、地域での雇用創出、耕作放棄地の活用につなげ、伊藤園には原料の安定調達というウィン・ウィン関係が生まれている（茶園面積は①、②を合わせて16年4月現在１０３４㌶）。

本事業は15年に日経ソーシャルイニシアティブ大賞企業部門賞の受賞や昨年のフォーチュン誌「世界を変える企業50選」での18位へのランクインの選定理由にもなっている。ＳＤＧｓの目標２「持続可能な農業」などに関連する。

複合的な環境課題に対応

茶殻はほとんどが農家のたい肥や飼料にリサイクルされるが、一部を紙製品などに配合する茶殻リサイクルシステムでは、CO_2抑制、省資源化、リサイクルの一石三鳥を実現する。「平成25年度リデュース・リユース・リサイクル推進功労者等表彰・農林水産大臣賞」などのさまざまな受賞歴がある。これはＳＤＧｓの気候変動、エネルギーなどの環境関連目標と、目標９「技術革新」にも関連する。

製品開発では、大学・研究機関などとも連携して健康価値を重視し、カテキン緑茶など特定保健用食品の開発にも力を入れており、これはＳＤＧｓの目標３「健康」に関連する。

販売では、「ルートセールス」でのきめ細かな顧客訪問を通じ、「お茶で日本を美しく。」などの世界遺産等保全活動（15年日本水大賞・経済産業大臣賞受賞）や和食文化にも貢献している。ＳＤＧｓの目標４「質の高い教育」や、環境に関連する活動だ。

目標４と８で社員育成

社員のスキルを生かす「伊藤園ティーテイスター社内検定」（社員５３３９人の約３分の１が有資格者）があり、本年３月には、「厚生労働省認定社内検定制度」となった。認定マークを名刺などにも記載でき、人材育成・スキルアップでの効果が期待される。ＳＤＧｓの目標８「働きがいのある職場」の他、目標４の職業訓練に該当する。

当社では目標５「ジェンダー平等」も重視、毎年定める「ＣＳＲ社内表彰２０１６」では女性活躍プロジェ

「社内検定認定制度」ロゴマーク

バリューチェーンとＳＤＧｓ

クトが受賞した。

25年続く「お～いお茶新俳句大賞」は、全国約２４００校の学校教育で活用され、英語俳句の人気も高まっており、目標４「質の高い教育」に関連する活動となっている。

世界のティーカンパニーへ

以上のとおり、伊藤園の主なＣＳＲ活動にＳＤＧｓの17目標のうちで該当する目標を当てはめてバリューチェーンで整理したものが図表である。このように伊藤園は各活動をさまざまなＳＤＧｓの目標に関連させて「世界のティーカンパニー」を目指している。今回の新中長期計画では「お茶で、世界に、笑顔を。」がコーポレート目標だ。

今後、東京五輪・パラリンピックでも、資材調達からイベントの実施方法まで、持続可能な世界標準の形で開催しなければならない。五輪は「世界が東京に来る」ことを意味し、そのためにも国際的羅針盤が必要で、共通言語ＳＤＧｓが役立つ。

これと並行して、投資面からも、環境（Environment）、社会（Social）、ガバナンス（Governance）の頭文字を取った、ＥＳＧが重要であるという認識が急速に広まっている。いよいよ、ＥＳＧの面でもＳＤＧｓを的確に理解する必要がある。

伊藤園は発信も工夫しており、国際的な報告ガイダンスも参照しつつ、統合報告書を作成、16年にはＳＤＧｓに特化したサステナビリティレポートも発行し、今回はこのレポートを「定番資料」にして浸透を図っている（ホームページに掲載）。

このように伊藤園の事例は、最新の世界共通のサステナビリティの共通言語である「持続可能な開発目標（ＳＤＧｓ）」を30年目標として取り込むことでさらなる企業価値の向上と世界をにらんだ経営戦略を展開しており、ＳＤＧｓの活用として参考になると思う。

経営に生かすＳＤＧｓ講座

―持続可能な経営のために―

④　ＳＤＧｓに対応する企業の先駆的動き

〈環境新聞２０１７年８月２日付掲載〉

最新の環境白書はＳＤＧｓ特集

ＳＤＧｓに企業はどう対応すべきか、前回の記事で伊藤園を事例に、意外に身近なところでさまざまなＳＤＧｓに関連していることを実感できたと思う。最新の環境白書では、ＳＤＧｓが大特集されている。

民間企業の取り組みでは、企業の活動・投資・イノベーションは、ＳＤＧｓのゴールに含まれる生産性向上、経済成長、雇用創出に直接寄与し、他のゴールにも間接的に貢献するという分析をしている。

２０１６年３月には、ＳＤＧｓの企業の行動指針となる「ＳＤＧコンパス」の日本語版が発表され、日本でも、ＳＤＧｓを企業戦略に取り込む企業が着実に増加していると している。

事例として、住友化学が挙げられている。持続可能な社会の実現に向けて、社員自らが仕事や生活において何ができるかを投稿する「サステイナブルツリー」を実施し、国内外の全グループ会社役員が投稿している。また、ＳＤＧｓに貢献する自社の製品や技術を認定し、開発や普及を推進する取り組みもしている。

住友化学は、マラリア予防のために開発した蚊帳「オリセット®ネット」による支援をアフリカなどで行ってきた。子どもたちの未来のために、この取り組みが少しでも役立つことも目指している。マラリア撲滅のために一企業としてできることがあるはずとして取り組んだ答えが「オリセット®ネット」。この活動は目標３「すべての人に保健と福祉を」の代表的事例である。

同社のホームページを見ると「住友化学グループとＳＤＧｓ」という特設コーナーがある。「ＣＳＲ推進委員会メンバーより」という欄では委員長である社長をはじめ各役員が担当するＳＤＧｓの目標を掲げて基本的方向性を述べていて先駆的である。ＭＤＧｓ時代から世界課題に対処してきている同社の強みであろう。

エリクソンは15年に対応

一方、世界を見ると、さまざまな先駆的事例がある。ここでは一例だけ、住友化学のように担当の役員を張り付けてしっかり対応してきた事例として、エリクソン（スウェーデンの通信機器メーカー）の持続可能性レポート「Ericsson Sustainability and

Corporate Responsibility Report2015」をご紹介したい。同レポートではSDGsの各目標の責任者を「アンバサダー」として決めたという内容が盛り込まれている(同レポート10ページ)。なんと発行は16年3月である。SDGsが15年9月に採択されて、わずか半年後に責任者も決めている。1、2周先を行っているといってよい。世界企業の国際的指針への対応の動きはいかにも速い。

日本企業も、今からでも遅くないので早急に取り組むべきだ。

働き方改革は職場空間から

これからの「はたらく」のヒントがある。このキャッチコピーのとおり、働き方改革はイノベーションが生まれる職場空間から、ということだ。

これを実践しているのが、オフィスから商業施設、物流まで幅広い製品を扱うオカムラ(岡村製作所)である。オカムラグループ「CSRレポート2017」では新しい価値を生み出す「共創空間」を特集している(特集1)。

オカムラは都内などにセッションスペース「オープン・イノベーション・ビオトープ〝Sea(シー)〟」を持っていて、「共創」をキーワードに、課題解決と価値創造のためのさまざまな活動を育む場として運営している。これからの「はたらく」のヒントやアイデアを生み出す、数々の企画やイベントなどを行っている。

オカムラ「Sea」での講演と
空間の様子

筆者も昨年招かれてセッションに出たがとても気持ちのいい空間であった。その縁もあって、今回のレポートのこの特集1において有識者意見で登場させていただき、CSR、CSVに加え、SDGsの角度から次のポイントを述べた。

オカムラの〝Sea〟は、CSRやCSVの発信の場であり、「誰もが心地よくいられる空間をつくる」という本業の強みを遺憾なく発揮している共通価値の創造の場である。東京オリンピック・パラリンピックも控えて、今後のサステナビリティの世界共通言語として必須となるSDGsの目標8「働きがいのある職場づくり」や目標9の「技術革新」などに寄与する共創の場として、世界的にも注目を集めると思う。こうした取り組みの輪が、これからさらに広がって全国の、そして世界のモデルとなることを期待している。

「CSRレポート2017」のダウンロードはこちらから。
http://www.okamura.co.jp/company/topics/other/2017/csr_report_2017.php

オープン・イノベーション・ビオトープ〝Sea（シー）〟のサイトはこちら http://workmill.jp/sea/
このように感度の良い企業ではＳＤＧｓに意識を割いており、このようなレポートの発行を機会にＳＤＧｓが身近な課題として社内外に発信されることを期待している。

経営に生かすSDGs講座
—持続可能な経営のために—

⑤

SDGsについての疑問に答える

〈環境新聞2017年9月6日付掲載〉

ますます関心高まる

SDGsに企業はどう対応すべきか。このテーマで、さまざまなところで登壇機会が増えた。先日は国際会合ISAP（持続可能なアジア太平洋に関するフォーラム）だった。主催はIGES（地球環境戦略研究機関）と国連大学サステイナビリティ高等研究所（UNU‐IAS）。IGESは「2016年版気候変動シンクタンクランキング」欧米外地域で第1位を獲得した。快挙だ。

そのIGESの森秀行所長がモデレーターで、全体会合2「SDGsはアジアを変えることができるのか？～大転換への道～」というパネルディスカッション。パネリスト（写真）はバンバン・スサントノ　アジア開発銀行（ADB）副総裁、ハーバート・M・バウティスタ　フィリピン・ケソン市長、北郷美由紀朝日新聞報道局記者の各位に筆者だった。

ＩＳＡＰ国際会合にて（７月２６日）
テーマは「ＳＤＧｓはアジアを変えることができるのか？　～大転換への道～」

モデレーターの進行が良く大変有意義なパネルで、私からは次の点に触れた。社会課題が複雑化している課題先進国日本では、企業と関係者が協働して新たな価値を生み出す「協創力」が重要だ。今後の企業の成長のためには、世界の持続可能性の共通言語であるＳＤＧｓを使いこなす必要がある。

質問１：言葉の課題

ＳＤＧｓの関心が高まっているのは良いことだ。ただ、講演などで思うのは、意外にこの言葉の意味が難しい。そして、いったい自社は何をすべきか、戸惑いも多い。

まず、途上国への進出企業ではないがＳＤＧｓは関係あるか、という質問が来る。この要因の一つがＳＤＧｓの訳語である。持続可能な「開発」目標と、「開発」という訳語が誤解を招く。すでに指摘したとおり、途上国の目標というニュアンスが出る。

そこで、ＳＤＧｓの「Ｄｅｖｅｌｏｐｍｅｎｔ」を「開発」ではなく「発展」と訳すと先進国にも関連付けられる。持続可能性「サステイナビリティ」の共通言語として理解していくべきだ。

自分ごと化して社内の理解を得るにはどうすべきか、という質問も多い。伊藤園の事例でもお示ししたが、身近な事業に関連付けてみる。

意外にも、国連で作ったピクトグラムが分かりやすい反面、タイトルをまとめすぎたので、かえって混乱している。

目標1の「貧困の撲滅」を考えると、日本に関係ないのではないかとくるが、これは「相対的」貧困と捉える。日本はOECD諸国の中で、貧困格差の大きい国である、という驚きの声が上がる。

相対的貧困となれば、日本の企業の働き方改革でも話題の「同一労働同一賃金」などの話題に関連する。企業は適正水準の賃金や給与体系の整備がこの課題へのテーマとなる。

だからこそ、政府のSDGs実施指針の実行の一つとして挙げられているのが、働き方改革の推進だ。「働き方改革実行計画」の決定(3月)そのものがSDGsに結び付く。

SDGs目標2の「飢餓の撲滅」も同じだ。ピクトグラムの「飢餓」だけが対象ではない。その中の個別ターゲット2・4には「持続可能な食糧生産システムの確保」がある。これは、幅広く持続可能な形での農業が該当する。

SDGsの理解の促進に向けて、政府もピコ太郎を使ったビデオが話題になったが、色々な事例紹介でSDGsの浸透を進めている。

質問2：企業のメリット

次によくある質問が、ＳＤＧｓに取り組む企業のメリットは何かだ。この点は、ＳＤＧコンパスで確認できる。

ＳＤＧｓは、貧困や健康、教育、気候変動、環境劣化など、企業の本業力が期待される広範な課題を扱うため、企業戦略を地球的優先課題につなげることに役立つ。ＳＤＧコンパスでは、次のような企業メリットを挙げている。

①将来のビジネスチャンスの見極め

ＳＤＧｓは、革新的な技術などを持つ企業にとって、成長する市場を示している。つまり、この17の目標をビジネスチャンスとして見ていく。

②企業の持続可能性に関する価値の向上

ＳＤＧｓは、企業の取り組みに経済的なインセンティブを与える。世界課題への対応なので「さあ、やってみよう」というきっかけになるということだ。

③ステークホルダーとの関係の強化、新たな政策展開との同調

ＳＤＧｓは、世界でのステークホルダーの期待と将来の政策の方向性を反映している。ＳＤＧｓを活用すれば、顧客、従業員その他のステークホルダーとの協働を強化できる。一方でＳＤＧｓに対応しなければ、法的あるいはレピュテーションに関するリスクにさ

らされる。

④社会と市場の安定化

ＳＤＧｓの達成に貢献すれば、ルールに基づく市場、透明な金融システム、腐敗がなく、良くガバナンスされた組織など、ビジネスの成功に必要な柱を支援することになる。海外進出の他、インバウンド関連企業も必須だ。

⑤共通言語の使用と目的の共有

ＳＤＧｓは、共通の行動や言語の枠組みなので「共通言語」となる。だからこそ世界の社会的課題に取り組むために相互に協力できるパートナーを結びつける。

筆者はこの⑤が最も重要だと思うが、加えて、現下の難しい時代に、経営陣や社員が課題解決に取り組み、経済価値との同時実現に向けて、自信を持ち、社員のモチベーションを向上させる効果があると思う。

チャンスとリスク回避、すぐにも取り組んでいただきたい。

⑥

SDGs目標11 持続可能なまちづくり

〈環境新聞2017年10月4日付掲載〉

「水の日」なんか、いらない世界にしよう。

先日、福井県大野市が全国紙に載せた全面広告のこのキャッチ・コピーがすごい。同市は「『大野から世界へ、水への恩返し。きょう、8月1日は、『水の日』です。」という内容で訴えた。大野市はあの「天空の城」越前大野城で有名だ。

このため、「水への恩返しCarrying Water Project」で幅広い水の保全活動を展開。「水の巡りに感謝するまち。水の箱庭　越前おおの」が標語だ。

全てにおいて「水を通じたソーシャルな人口減少対策という新しい試み」を市関係者が一丸で推進している。そして「結（ゆい）の故郷（くに）越前おおの」がメッセージである。水に関して東ティモールにも支援しているが、これは日本ユニセフ協会との連携だ。20年東京五輪でホストタウン第4次登録（東ティモール）もされている。

「水をたべるレストラン」まである。「でっち羊かん（水ようかん）」「水まんじゅう」

も名産だ。

筆者の理解では、ＳＤＧｓの目標６「水」、11「持続可能なまちづくり」、17「パートナーシップ」の強力なモデル自治体になりそうだ。この仕掛け人の大野市の皆様に東京でお会いした。地方創生では、政府が人材支援制度を設けており、同市副市長の今洋佑さんもその一人だ。

このように、地域の身近なところでＳＤＧｓが推進されていく。

自治体のＳＤＧｓ推進

内閣府地方創生推進事務局の「自治体ＳＤＧｓ推進のための有識者検討会」が参考になる。

ＳＤＧｓを全国的に実施するためには、地域での積極的な取り組みが不可欠であり、この検討会では、「環境未来都市」構想の実績を踏まえ、地方創生における自治体ＳＤＧｓ達成のための取り組みの具体的な施策を提言する予定だ。

環境未来都市・モデル都市として、これまでに横浜市と新潟市、富山市、北九州市などの大都市の他、北海道下川町、高知県梼原町などの中山間部自治体が選定されている。

地方創生に向けた自治体ＳＤＧｓ推進事業（内閣府地方創生推進室）も発表された（84頁参照）。事業のイメージとしては、ＳＤＧｓの17ゴールいずれかの達成に資する次のような先進的な取り組みを支援する。

①再生可能エネルギーと次世代自動車を組み合わせた都市のエネルギーマネジメントシステムの構築

②食品ロスを抑えるための先進的かつ総合的な取り組み

③自治体が主導する環境関連の途上国への技術協力事業など

多数のステークホルダーが参画する事業を支援するとしているので、これらに関連する企業は情報収集して準備すべきだ。

また、自治体のＳＤＧｓについて海外の都市などとのネットワークを構築するとしており、国際性を感じさせる。

向かって筆者（右から３人目）左が今副市長。同市の帰山寿章湧水再生対策室長、砂子淳一企業立地推進室長、澤田陽彦　結の故郷創生室長補佐、国際交流員マチルド・クロワさんとともに

「まちてん２０１７」

今や地方創生は「地方対東京」といった固定的な軸ではなく、地方と世界がシームレスにつながっている。特に環境分野ではそうだ。

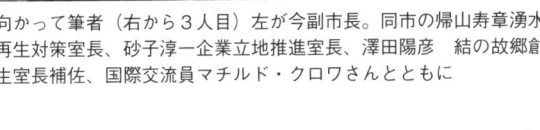

この観点から、筆者が実行委員長を務める今年の地方創生まちづくりフォーラム「まちてん」（12月8～9日、渋谷ヒカリエ9階ヒカリエホールで開催。主催：まちてん2017実行委員会、後援：内閣府・復興庁・総務省・厚生労働省・農林水産省・経済産業省・国土交通省・環境省他）でもその狙いの一つに、SDGsの目標11「持続可能なまちづくり」も掲げている。

まちてんは今年3回目で、講演やシンポジウム、展示、交流からなるフォーラム。3千人の入場を目指しており、現在、協賛企業・出展者を募集中である。実行委員会主催の2本の特別セッションが発表された。

①12月8日（金）13時30分～14時50分：トークセッション「なぜ地方創生に〝稼ぐ力〟が必要なのか？　～企業の力を地方に活かすには～」

企業が社会課題解決と経済価値の同時実現を目指す「共有価値創造（CSV）」の第一人者である名和高司教授（一橋大学大学院国際企業戦略研究科）をお招きしての、笹谷実行委員長とのトークセッション。ファシリテーターとして、谷本有香氏（フォーブスジャパン副編集長兼WEB編集長）が参加する。

②12月9日（土）13時10分〜14時30分：パネルディスカッション「なぜ日本一／オンリーワンになれるのか？」

日本一の米どころの新潟市、多様な人材活用をしている広島県神石高原町、バイオマス産業の創出や林業・木材産業の振興をしている岡山県真庭市、日本一星の美しい宮崎県小林市、女性で最年少町長の青森県外ヶ浜町の5町市の首長が集まり、日本一／オンリーワンの取り組みを熱く語る。コメンテーターは、藤吉雅春氏（フォーブスジャパン副編集長兼チーフライター）をお招きし、ファシリテーターは笹谷実行委員長。

地方の「稼ぐ力」を「ライフスタイルの変更」に結びつけ、いかに「学び」つつ進めるかが焦点となる。

地方創生に参画する関係者やＳＤＧｓ関係者に必見のフォーラムだ。ぜひご参加いただきたい。

詳しくは、次のウェブサイトをご参照まで。

まちてん（http://machiten.com/）

笹谷秀光の「協創」とまちづくり最前線レポート（筆者のFacebookページ：https://www.facebook.com/sasaya.machiten/）

経営に生かすＳＤＧｓ講座
――持続可能な経営のために――

⑦ 複合的な持続可能性ＳＤＧｓ目標への貢献

〈環境新聞２０１７年11月１日付掲載〉

ソーラーランタンＰＪ

パナソニックは昨年の世界的ビジネス誌『フォーチュン』９月号で「世界を変える企業50社」に選定された（伊藤園とともに日本企業では２社のみだった）。先日、「朝日地球会議」というフォーラムで、ちょうどこの２社がそろって登壇、同社の責任者とともに筆者がパネルディスカッションに登壇した。

同社は２０１３年から、「ソーラーランタン10万台プロジェクト」を推進中だ。世界では依然、約９人に１人が深刻な貧困の中で暮らし、飢えに苦しんでいる。これを踏まえ、「持続可能な開発目標（ＳＤＧｓ）」の達成に向けて、このプロジェクトを通じて貢献している。

同社のＳＤＧｓの「フラッグシップ・プロジェクト」といえる。

説明を聞いてみると、このプロジェクトでは、以下の目標について重点的に取り組んでいる。

まずは、目標7（再生可能エネルギー）。パナソニックの無電化地域を照らすソリューション。ソーラーランタンは1台で部屋全体を照らせる100ルクスの明るさだ。

次に、目標3（健康な生活）。ミャンマーでの突然の停電でもすぐに点灯！　夜間の出産や診療をより安全に行うために、ランタンが活用されている。

第3に、目標4（質の高い教育）。カンボジアで、農村部での識字率アップへの貢献やミャンマーの未来をつくる寺子屋支援。

第4に、目標5（ジェンダー平等）。全ての女性と女児のエンパワーメントを図るため、「手仕事布」で日本とインドをつなぐ活動や織物研修センターでの活用がある。

以上を通じて、目標1（貧困の根絶）に貢献する。特に、農村地域で雇用を創出し、子どもが売られない世界をつくる活動や農村に暮らす貧困層の生活改善に向けた活用が例示。次のウェブサイトにプロジェクトの詳しい内容が紹介されている。

http://panasonic.net/sustainability/jp/lantern/commitments.html

複合的なＳＤＧｓへの貢献

これは一つのプロジェクトに複数のＳＤＧｓ目標を当てはめて、計画的に実施している。「ソーラーランタン」という同社の技術の結晶をさまざまな社会課題に結び付けて展開している。また、各地で国際ＮＧＯなどと連携している。
目的意識もはっきりしている。同社は新興国・途上国の社会生活の改善と向上に貢献するため、創業１００周年を迎える18年に向けて、計10万台のソーラーランタンを寄贈する。

ソーラーランタンＰＪ。写真真ん中の女性がパナソニック　ブランドコミュニケーション本部ＣＳＲ・社会文化部部長の福田里香氏。写真：パナソニック提供

寄贈先は、主要な無電化地域である東南アジアや南アジア、サブサハラ・アフリカで活動するＮＰＯ／ＮＧＯや国際機関。再生可能エネルギーによる電気の明かりを届けていくことで、教育や保健・医療、女性の自立支援などの分野における社会課題を解決し、人々の暮らしに好ましい変化を生み出す。

このように社会課題を明確にとらえ、本業の技術で、関係者連携により、環境課題を踏まえ再生可能エネルギーによる電気の明かりで課題解決を目指している。

筆者の理解では、今後、グローバル企業として、共有価値の創造（ＣＳＶ）の事業として同社の世

界的プレゼンスの向上につながることが期待される。

このように、持てる技術や製品をさまざまな社会課題の解決に関連付ける手立てにＳＤＧｓを活用する好事例で、参考になる。外務省のＳＤＧｓウェブサイトでも紹介されている。http://www.mofa.go.jp/mofaj/gaiko/oda/about/doukou/page23_000779.html

このような大規模でなくても各企業はこれを参考に自社の技術をどう生かせるか考えたい。もちろん、国内課題にも応用できる。

統合レポートを発行

伊藤園は10月に最新の統合レポート２０１７を発行した。本連載第３回で伊藤園の取り組みとＳＤＧｓとの関連をご紹介した。今回の新レポートでは、「茶畑から茶殻まで」のバリューチェーン全体にわたり、ＳＤＧｓの責任体制も示し、その関連のみならず投資家のＥＳＧの要請にも応えるべく、環境（Environment）、社会（Social）、ガバナンス（Governance）の分析を盛り込んでいる。

伊藤園統合レポート２０１７

また、重要業績評価指標（ＫＰＩ）の設定をＥＳＧの角度から全面見直しをかけ、ＫＰＩの実行にあたり、どのようにＳＤＧｓを関連させていくかについても随所で示したのでぜひご参照ありたい。レポートは次の伊藤園ウェブサイトにアップされている（英語サイトに英語版も掲載）。

https://www.itoen.co.jp/csr/

両社ともに外務省ＨＰで紹介されており、次のＳＤＧｓロゴマーク（日の丸に桜モチーフ）で発信できる。

外務省のロゴマーク

※パナソニックは、２０１８年1月末に目標の10万台を超えるソーラーランタン寄贈を完遂（30カ国、10万２７１６台）。同社は、２０１８年４月より、新たにクラウドファンディングなどの仕組みを利用して、この活動の輪をさらに広げていく。

⑧ 地方創生・まちてんＳＤＧｓ宣言

〈環境新聞２０１７年11月29日付掲載〉

来月８日から東京・渋谷で開催

まちてん２０１７は、来月８日（金）、９日（土）に、東京の渋谷ヒカリエにて開催される地方創生まちづくりフォーラムで、展示・交流の場である。

内閣府、復興庁、総務省、文部科学省、厚生労働省、農林水産省、経済産業省、国土交通省、環境省の各府省庁に加え、全国知事会、全国市長会、全国町村会からも後援を受けている。主催はまちてん実行委員会で、筆者が実行委員長を務めている。

今回３回目を迎えるが、グローバル化の進展の中で、持続可能な開発目標（ＳＤＧｓ）を活用した「まちてん２０１７持続可能なまちづくり宣言」を策定した。ＳＤＧｓの浸透を図る３千人規模の来場を見込む地方創生イベント事例は国内初といえる。

全てのＳＤＧｓ目標と関連するが、主に関係するものとしては、プログラムを通じた学び（目標４「質の高い教育」）、まちづくり関連活動（目標11「住み続けられるまちづくり」）、および協働による活動（目標17「パートナーシップ」）が該当する。

プログラム全体でＳＤＧｓ参照

まちてんでは、日本のよいものを「クールジャパン」として掘り起こし、「インバウンド」の皆様にも訴え、「レガシー」として次世代に残していく。

このため、世界的視野に立って、主なプログラムでＳＤＧｓを参照しながら議論を進める。

初日の8日は、オープニング（9時半～10時）での実行委員長のプレゼンで、ＳＤＧｓについて言及予定。伊藤園セッション（11時半～12時20分）では高知県知事が登壇し、高知県と伊藤園がＳＤＧｓを念頭に置いた地方創生の包括協定を締結した事例を紹介する。福井県大野市長、富山県魚津市長も登壇する。

2日目、9日は、特別セッション（13時10分～14時30分）「なぜ日本一／オンリーワンになれるのか」で、新潟市長、神石高原町長、真庭市長、小林市長、外ヶ浜町長が登壇。筆者がファシリテーターを務め、ＳＤＧｓとの関連に言及予定である。

まちてんでは、8テーマ（農林水産プロダクツ、ツーリズム、

まちてんロゴ

昨年の筆者のプレゼン

居住、芸術文化、ソーシャル、テクノロジー、交流拠点、ファイナンス）で登壇者総勢40名のカンファレンス（原則5名によるリレートーク）も展開する。

カンファレンスでは新聞社（朝日・読売・毎日・日経・産経新聞社）とＮＨＫなどメディアがコメンテーターとなり議論を整理する予定である。

企業セッションでは実行委員会企業がＳＤＧｓを念頭にプログラムを設計している。

また、展示ブースは現在総勢約１００団体・企業が出展。地方創生で重要な活動の共通基盤の参加者「産官学金労言」が結集する。「官」（行政）では自治体関係出展や、「学」（大学）では信州大学、富山大学、岐阜大学、「金」（金融）では日本政策金融公庫、大垣共立銀行、「言」（メディア）では時事通信社、産経新聞社など多様な参加者である。

以上により、プログラム全体でＳＤＧｓを参照しつつ「まちてん２０１７持続可能なまちづくり宣言」をホームページや当日の配布資料で公開することで、広く波及させる予定である。

持続可能なまちづくり宣言

この宣言（2017・11・1策定）のポイントは次の通りだ。

世界的視野に立って、「まちてん」を協働で新たな価値を生む「協創力」を発揮するためのプラットフォームとして育て、新たな地方創生まちづくりを目指す。「日本のまちに、光をあてろ」をテーマにした「まちてん2017」にあたり、活動指針としてこの宣言は発信された。

宣言の内容のポイントは次の5項目である。

・地方創生まちづくりにSDGsを活用する。

・地方が「稼ぐ力」をつけ「ライフスタイルの創出」に結び付ける「学び」の優良事例の共有の場となることを目指す。

・新たな連携や協働の形を探るオープンイノベーションの場として「まちてん」を活かす。

・センス・オブ・プレイス（まちの個性）とシビック・プライド（市民の誇り）を重視する。

・関係機関との連携を強化する。

まちてんは2日間のイベントだけではなく、その準備過程・実施・交流・レガシー創出につなぐ「進化するプロセス」（evolving）を重視している。

準備状況をＳＮＳなどでも発信し、すでに交流のネットワークが広がっている。参加者である自治体、関係団体、大学、研究機関などが協働することで、ＳＤＧｓが拡散される仕組みとなっている。

２日間のリアルな出会いからさまざまな関係者間でコラボが生まれ、ＳＤＧｓの目標17のパートナーシップの実践につながることが期待される。また、ＳＤＧｓとは何かを実践事例から理解できる。ぜひご参加いただきたい。レセプション以外は無料だがウェブ登録が必要である。詳しくはまちてんのサイト（http://machiten.com/）から。問い合わせは、実行委員会事務局（メサゴ・メッセフランクフルト、03・3262・8456）まで。

※まちてん2017で行われたプログラムのうち、筆者が登壇した実績は左記の通りであり、すべて動画での記録がまちてんホームページにアップされているのでご参照ありたい。
http://machiten.com/report.php

登壇内容

・オープニング「協創力によるまちづくり」笹谷実行委員長（動画の21：01―34：55の部分）
・特別セッション「なぜ地方創生に〝稼ぐ力〟が必要なのか？〜企業の力を地方に活かすには〜」笹谷実行委員長によるミニプレゼン（動画の26：55―49：00の部分）を含む
・特別セッション「なぜ日本一／オンリーワンになれるのか？」笹谷実行委員長によるミニプレゼン（動画の冒頭―11：30の部分）を含む
・伊藤園セッション「世界的視野と文化でまちづくり」

⑨ ＳＤＧｓ「実装」元年を迎えて

〈環境新聞２０１８年１月17日付掲載〉

ジャパンＳＤＧｓアワードが発表

新年を迎え、今年はいよいよ、日本でＳＤＧｓ「実装」元年になると考えている。

昨年12月26日に、２０１７年度「ジャパンＳＤＧｓアワード」が発表された。http://www.mofa.go.jp/mofaj/ic/gic/page4_003580.html

これは、持続可能な開発目標（ＳＤＧｓ）推進本部が公募し、ＳＤＧｓの達成に向けて、優れた取り組みを行う企業・団体などを表彰する制度だ。

この記念すべき第１回の受賞者は次の通りだ。

ＳＤＧｓ推進本部長（内閣総理大臣）賞：北海道下川町

ＳＤＧｓ推進副本部長（内閣官房長官）賞：しんせい・パルシステム生活協同連合会・金沢工業大学

ＳＤＧｓ推進副本部長（外務大臣）賞：サラヤ・住友化学

まちてんでSDGs宣言を紹介する笹谷の写真

ＳＤＧｓパートナーシップ賞（特別賞）：吉本興業・伊藤園・北九州市・ジョイセフ・岡山大学・江東区立八名川小学校

この表彰で特に重視しているのは、民間企業、市民社会、自治体などの社会の多様なアクターが手を携えて行動する、「Public Private Action for Partnership（ＰＰＡＰ）」というアプローチである。

企業・団体などによるＳＤＧｓ達成に向けた活動が加速度的に拡大している中、優れた取り組みを政府全体として表彰することにより、こうした潮流をさらに後押ししていく狙いがある。

企業の取り組みが本格化

このうち、企業はサラヤ・住友化学・吉本興業・伊藤園の4社なので今後の参考になる。企業も統合報告書などでＳＤＧｓに言及している。ＳＤＧｓの事業への紐づけや取り組み責任体制の構築を進めた企業も出始め、取り組みが本格化してきた。

「伊藤園グループＳＤＧｓ推進基本方針」を定めていた伊藤園では、ホームページでトップページに「伊藤園グループとＳＤＧｓ」という特設バナーのポータルを設けた。

日本経済団体連合会が企業行動憲章に「──持続可能な社会の実現のために──」との副題をつけ「Ｓｏｃｉｅｔｙ５・０」の実現を通じたＳＤＧｓの達成を柱として改定した。

国連大学をはじめ、地球環境戦略研究機関（ＩＧＥＳ）などの研究機関や大学での研究・分析も深まりつつある。ＮＰＯ／ＮＧＯ主導の勉強会もさまざまな工夫の下でひっきりなしに実施されている。

メディアでもそれぞれの強みに応じて発信が強化されている。ＥＳＧと関連付けたり、生活との関連を報道したり、報道に加えシンポジウムの開催とレビュー記事の掲載などメディアの強みを発揮した発信力が期待される。筆者もＳＤＧｓ関連での登壇が増えている。いずれも大変熱心な聴衆が集まっている。

このような中で、いよいよ五輪・パラリンピックでの調達の議論も加速化していく。

自治体への導入ガイドライン

自治体では、地方創生にも絡めた「私たちのまちにとってのＳＤＧｓ──導入のためのガイドライン──」（写真）が興味深い（編集：自治体ＳＤＧｓ検討小委員会、村上周三委員長、ＵＲＬ：http://www.ibec.or.jp/sdgs/）。内容が分かりやすく、自治体や、自治体と連携する関係者には必読の資料だ。

これによると、「都市ＳＤＧｓ」、つまり目標11「住み続けられるまちづくり」は17のゴールの中で唯一、「具体的な空間をイメージしたもの」だという。都市は「Ｓｙｓｔｅｍｓ ｏｆ Ｓｙｓｔｅｍｓ」であり、多種多様なシステム（エネルギー・交通・下水道・社会・経済など）を持つため、「最も連携が必要とされている」との指摘を心しておく必要がある。

また、環境未来都市を「ＳＤＧｓ未来都市（仮称）」にバージョンアップし、国際貢献やパリ協定の国際取り組みの推進役にしていく考えも示されている。

地域再生では、優れた自治体をトップランナーとして政府が認定して「ピークを高くする」。それによりベストプラクティスの普及とパートナーシップの推進につなぎ「裾野の底上げを図る」という。

まさにこのことを浮き彫りにできたイベントが、前回の連載で取り上げた「まちてん」だった。「ＳＤＧｓ宣言」を発信し、先進事例が集まり、ＳＤＧｓの理解も深まった。

自治体向けガイドライン

ＳＤＧｓ新年シンポジウム

いよいよ学会でも動きが活発化している。ＣＳＲなどをリードする日本経営倫理学会（ＪＡＢＥＳ）では「世界共通言語となった持続可能な開発目標（ＳＤＧｓ）と経営倫理～ＥＳＧ時代に企業はＳＤＧｓにどう貢献するか～」というタイトルで18日（木）にシンポジウムを開催する。

学会理事である筆者がシンポジウム実行委員長を務め、ＳＤＧｓの各界の代表が一堂に会するのでご紹介したい。

学会員以外の一般参加も可能で概要は次の通りだ。

1、日時：1月18日（木）14時～17時30分（18時から懇親会）

2、会場：慶應義塾大学三田キャンパス北館1階ホール

3、シンポジウム概要

【基調講演】14時10分～15時50分

（1）「ＳＤＧｓ先進国を目指して」鈴木秀生氏（外務省地球規模課題審議官［大使］）

（2）「企業行動憲章の改定—Ｓｏｃｉｅｔｙ5・0を通じたＳＤＧｓの達成—」長谷川知子氏（経団連・教育・ＣＳＲ本部長）

（3）「ＥＳＧ時代の企業によるＳＤＧｓ活用と価値創造」笹谷秀光（シンポジウム実

行委員長・日本経営倫理学会理事・伊藤園常務執行役員）

【パネルディスカッション】16時～17時30分

モデレータ：梅津光弘氏（日本経営倫理学会会長・慶應義塾大学准教授）、パネリスト：鈴木秀生氏、長谷川知子氏、笹谷秀光、沖大幹氏（国連大学上級副学長）、鈴木亮氏（日本経済新聞社編集局編集委員兼キャスター）、黒田かをり氏（CSOネットワーク事務局長・理事）

有料で参加登録はこちらから：http://www.berc.gr.jp/modules/event/event.php?eid=14

※このシンポジウムの概要と筆者による基調講演の概要を巻末に掲載したのでご参照ありたい。

⑩ SDGsアワード受賞企業に学ぶ

〈環境新聞2018年2月7日付掲載〉

アワード報告会が開催

「第1回ジャパンSDGsアワード」受賞者による報告会（主催：政策分析ネットワーク、協力：外務省）が先月20日に行われた。

今回は受賞者の優れた取り組み事例を紹介、講評するという時宜を得た企画で、会場は250名くらいで満員となった。

また、事例報告会は受賞団体（前回の本連載で紹介）が受賞後初めて一堂に会し発表する場であった。（受賞団体について詳しくはhttp://www.mofa.go.jp/mofaj/ic/gic/page4_003580.html）

受賞者の発表を受けて、外務省国際協力局地球規模課題総括課長の甲木浩太郎氏と朝日新聞社報道局デスクの北郷美由紀氏から講評があり、締めくくりの講評を、審査委員を務めた国連広報センターの根本かおる所長が行った。

外務大臣賞に2社

このうち、ＳＤＧｓ推進の「トップランナー」とされた受賞企業４社のポイントを紹介したい。（官邸ウェブサイト：https://www.kantei.go.jp/jp/singi/sdgs/ より）

（１）サラヤ

・ウガンダとカンボジアで、市民と医療施設の２方向から、手洗いを基本とする衛生の向上のための取り組みを推進。

・「１００万人の手洗いプロジェクト」として、商品の出荷額１％をユニセフに寄付し、ウガンダの手洗い普及活動を支援。また、ウガンダに現地法人「サラヤ・イーストアフリカ」を設立し、現地生産の消毒剤やその使用方法を含めた衛生マニュアルを提供している。

住友化学オリセット®ネット photograph(c)M. Hallahan/SumitomoChemical

・持続可能なパーム油類（ＲＳＰＯ認証油）の使用や、アブラヤシ生産地の生物多様性保全に取り組むと同時に、消費者へのエシカル消費の啓発を実施。

（２）住友化学

・ＭＤＧｓから継続してマラリア対策に取り組んできた経験を踏まえ、ＳＤＧｓの達成に向けて、全事業を通じて全社員で取り組む考え。

・「ＳＳＳ（Sumika Sustainable Solutions）」では、売上高を達成目標として掲げ、主に環境面からＳＤＧｓに貢献する製品・技術（現在34製品・技術）を認定し、その開発・普及を推進。「サステナブルツリー」では、「ＳＳＳ」と連携しつつ、社員のための専用ウェブを通じて、ＳＤＧｓの正しい理解と主体的な取り組みを促進している。

・「オリセット®ネット」事業を通じて、感染症対策のみならず、雇用、教育、ジェンダーなどの幅広い分野で、経済・社会・環境の統合的向上に貢献。

類似の途上国への本業活用の取り組みは、他にも本連載で紹介したパナソニック社のソーラーランタン10万台プロジェクトなどさまざまに展開されている。

今回の受賞2社は本業を通じたＳＤＧｓへの貢献に取り組んでおり、海外進出はもちろん国内事業にも応用できるものとして、ベンチマークにできる好事例であると考えられる。

パートナーシップ特別賞

（３）吉本興業

・吉本グループ全体でＳＤＧｓへの意識涵養を共有。

・吉本興業が実施するイベント、メディア、コンテンツと連動し、ＳＤＧｓの発信や、広範多様な啓発活動を実施。多数の所属タレントを起用した。

・地域と連携した地元振興・ＰＲや被災地への訪問活動など、「誰も取り残さない」ための実践的な取り組みを推進。

・具体的には、①ＳＤＧｓの啓発アニメーションやＰＲＣＭの製作・上映②ＳＤＧｓ啓発スタンプラリー③ＳＤＧｓをテーマにしたお笑いコンテスト「ＳＤＧｓ‐１グランプリ」④「ＳＤＧｓ新喜劇」――などを幅広く実施するとともに、多様なステークホルダーとの連携活動を展開した。

これは自社の持てる強みである「芸人タレントとエンタメでの分かりやすさ」を発揮した事例で、大いに昨年のＳＤＧｓ認知度向上に寄与した。なお、ＳＤＧｓ大使であるピコ太郎の活躍も同様の狙いであろう。

（４）伊藤園

茶産地育成事業（新産地）

世界のティーカンパニーを目指す伊藤園は、主力事業である緑茶事業などで、「茶畑から茶殻まで」の一貫した生産体制を構築して、ＳＤＧｓの目標12「持続可能な生産と消費」など、幅広い目標に貢献していることが評価された。

特に、①代表的な事業である茶産地育成事業（新産地事業）（ＳＤＧｓ目標の2、8、12）②茶殻リサイクルシステム③健康配慮商品④厚生労働省認定のティーテイスター社内検定（働

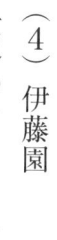

きがいを向上）⑤お～いお茶新俳句大賞（政府が推進する「ｂｅｙｏｎｄ２０２０プログラム」として認証）⑥「お茶で日本を美しく。」プロジェクト――などの取り組みにより、調達から製造・物流、商品企画・開発、営業・販売の一貫体制（バリューチェーン）全体で価値を創造し、ＳＤＧｓに取り組んでいる。

これは国内の活動でもＳＤＧｓに対応していること、バリューチェーン全体で対応していることなど、さまざまな企業がＳＤＧｓに取り組む上で参考になると考えられる。

アワードの評価項目

今後のＳＤＧｓ推進で重要なポイントは本アワード評価基準である。①普遍性②包摂性③参画型④統合性⑤透明性と説明責任の５項目である。

これはもともとの国連のＳＤＧｓの広範多様な発

① 普遍性	茶産地育成事業を九州５県に拡大し、オーストラリアでも展開するなど、普遍性が高く応用可能なビジネスモデルである
② 包摂性	茶産地育成事業は、地域での女性活躍・後継者・新規就農者・高齢者の活用など幅広い包摂性を有する
③ 参画型	茶産地育成事業では、農業技術部が主体となって、さまざまなステークホルダーと連携・協力関係を構築している
④ 統合性	茶産地育成事業では、原料調達コストの低減、環境保全型農業および地域雇用の創出など経済・環境・社会の要素が統合されている
⑤ 透明性と説明責任	社内において各取り組みを定期的にチェックし、レポートやホームページでその内容を公開している

信啓発でうたわれた原則と符合している。

（参考：https://www.kantei.go.jp/jp/singi/sdgs/japan_sdgs_award_dail/siryou2.pdf）

伊藤園を例にこの５項目を見ると表の通りだ。

アクションプラン

政府は、昨年暮れにこの表彰とともに、「19年に日本の『ＳＤＧｓモデル』の発信を目指して」との副題がついたアクションプランを発信し、ＳＤＧｓ実施のための短中期工程表（国際社会への発信を含む）を提示した。今後はこれに即してＳＤＧｓ先進国を目指していく。今後、この４社の事例を参考にしてＳＤＧｓへの取り組みが加速される。４社について、上記５項目の整理が官邸ウェブサイトで示されている。

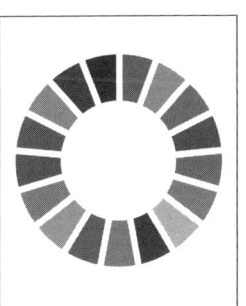

※ＳＤＧｓでは「ＧＯＡＬ」の「Ｏ」の部分やＳＤＧｓ全体のシンボルとして、17色からなるカラフルな円形のロゴマークが使われている。これはバッジにもなっている。官邸で行われた、ジャパンＳＤＧｓアワード受賞式では首相をはじめ閣僚、幹部はバッジをつけていた。また、ＳＤＧｓ推進大使であるピコ太郎氏も出席した。

なお、日本証券業協会では、17年10月までに、会員証券会社などへＳＤＧｓバッジ総計約１００００個を配布し、ＳＤＧｓの普及を図った。

経営に生かすSDGs講座
—持続可能な経営のために—

⑪

SDGsアクションプラン2018

〈環境新聞2018年3月7日付掲載〉

アクションプラン18

政府のSDGs推進本部（本部長＝安倍総理）が本格的に動き出した。SDGsアクションプラン2018を公表し（昨年12月26日）、今後SDGs日本モデルを発信していくのでその発信内容を見ておきたい。

日本がSDGsの推進を通じて、①創業や雇用創出を実現する②少子高齢化やグローバル化の中で豊かで活力ある未来像を描く③それをSDGsジャパンモデルとして世界に先駆けて示す——という点が要点だ。

このためSDGsジャパンモデルの3つの方向性を示した。

（1）SDGsと連動する官民を挙げた「Society 5・0」の推進。ベンチャー企業支援を含むSDGs経営推進イニシアティブや投資促進の仕組み、SDGsに資する科学技術イノベーションのための国際ロードマップなど、企業の取り組みをさらに後押しする施策を年央までに策定。

（２）ＳＤＧｓを原動力とした地方創生。新規の自治体ＳＤＧｓモデル事業を用意しており、関係省庁が一丸となって推進。

（３）ＳＤＧｓの担い手としての次世代や女性のエンパワーメント。働き方改革や女性活躍の推進。ＳＤＧｓを主導する人材の育成。

重点８分野を整理

この３つの方向性の下で、次の８分野を重点分野として整理した。

①あらゆる人々の活躍の推進
②健康・長寿の達成
③成長市場の創出、地域活性化、科学技術イノベーション
④持続可能で強靭な国土と質の高いインフラの整備
⑤省エネ・再エネ、気候変動対策、循環型社会
⑥生物多様性、森林、海洋などの環境の保全
⑦平和と安全・安心社会の実現
⑧ＳＤＧｓ実施推進の体制と手段（政府一丸となった取り組み、広報・啓発の推進、官民パートナーシップ）

この8番目の「ＳＤＧｓ実施推進の体制と手段」の1項目として「ＥＳＧ投資の推進」が明示されている。

ますますＥＳＧ投資と関連付けた企業によるＳＤＧｓ推進の加速要因になっていくのではないか。また、「ジャパンＳＤＧｓアワード」受賞4企業のトップランナーを参考に水平展開が図られる。

世界に日本モデルを発信

今回のアクションプランのもう一つの特色は、世界に向けてモデルを発信するロードマップが示されていることだ。

このため同プランでは「―19年に日本の『ＳＤＧｓモデル』の発信を目指して―」との副題がついている。国際社会への発信を盛り込んだＳＤＧｓ実施のための短中期工程表も示された。

18年から20年は世界の注目が日本に集まる。19年のＧ20の大阪招致も発表された。20年の東京五輪・パラリンピック大会などの機会も最大限活用し、世界に向けて日本の取り組みを発信できる絶好のチャンスである。

企業も世界を目指し、自社の技術・製品・サービスの強みをＳＤＧｓと関連付けて説明し世界標準での「魅せ方」の発信を強化して行くべきだ。

増加し続けているインバウンド旅行客のみならず、世界中からG20や東京五輪・パラリンピックに向けて影響力の強い視察団やメディアが訪日する。その時にユネスコ無形文化遺産の和食など広義のクールジャパンや「Ｓｏｃｉｅｔｙ５・０」などのＡＩ／ＩＣＴ技術力を発信する「ショーケース」効果も狙っていける。

今後、ＳＤＧｓ関係閣僚は本年年央、つまり、例年の骨太の方針の時期に開催されると予想される次回ＳＤＧｓ推進本部会合までに、上記の３本柱を踏まえたアクションプランの肉付けが求められている。これによりＳＤＧｓを主軸にした政策展開、つまり政策の「主流化」が進むことが期待される。

連携・協働の体制構築を

ＳＤＧｓのプラットフォームもどんどん出来てきている。

活動の基盤のプラットフォームを産業界、行政、教育の「産官学」だけではなく、金融界、労働界、メディアの「産官学金労言」にＮＰＯ、ＮＧＯも加わる。この連携協働のスキームをつくっていくことが非常に大事だ。

企業の主導したものとしては、これまでに触れた、住友化学、伊藤園、パナソニック。行政主導型では大野市の水、下川町のバイオマス、北九州市の環境未来都市。高知県は伊藤園との間でＳＤＧｓを踏まえた地方創生包括協定を結んでいて特色ある事例だ。

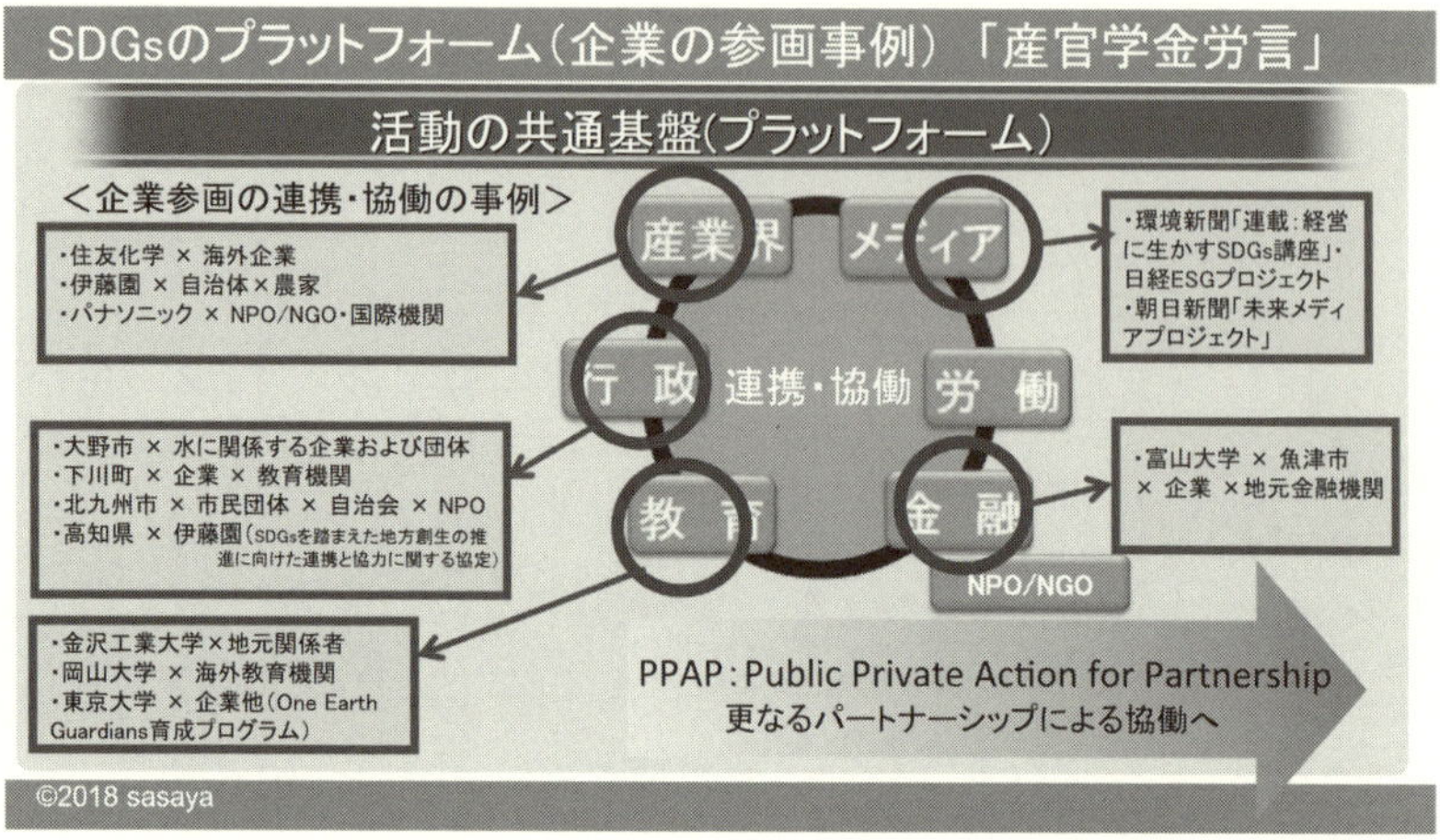
SDGsのプラットフォーム（企業の参画事例）「産官学金労言」
活動の共通基盤（プラットフォーム）
＜企業参画の連携・協働の事例＞
・住友化学 × 海外企業
・伊藤園 × 自治体×農家
・パナソニック × NPO/NGO・国際機関
・大野市 × 水に関係する企業および団体
・下川町 × 企業 × 教育機関
・北九州市 × 市民団体 × 自治会 × NPO
・高知県 × 伊藤園（SDGsを踏まえた地方創生の推進に向けた連携と協力に関する協定）
・金沢工業大学×地元関係者
・岡山大学 × 海外教育機関
・東京大学 × 企業他（One Earth Guardians育成プログラム）
産業界
メディア
行 政
連携・協働
労 働
教 育
金 融
NPO/NGO
・環境新聞「連載：経営に生かすSDGs講座」・日経ESGプロジェクト
・朝日新聞「未来メディアプロジェクト」
・富山大学 × 魚津市 × 企業 ×地元金融機関
PPAP：Public Private Action for Partnership
更なるパートナーシップによる協働へ
©2018 sasaya

大学では、東京大学が「地球人One Earth Guardians」という地球を守るための人材育成でSDGsに貢献する企画を発足させパートナーも募集している。

メディアでは、本紙のこの連載や「日経ESGプロジェクト」、朝日新聞の未来メディアプロジェクトなどメディアらしい発信を強めている。

金融では、富山大学、魚津市に加え地元金融機関が連携する「魚津三太郎塾」はSDGs目標4「質の高い教育」と目標9「産業創出」を絡めている。

以上のような連携構造をつくってPPAP、つまり政府の言う「Public Private Action for Partnership」をさらに深めていくべきだ。

SDGsの理解・実践・連携構築がますます重要となっている。

「SDGsアクションプラン2018～2019年に日本の「SDGsモデル」の発信を目指して～」の概要

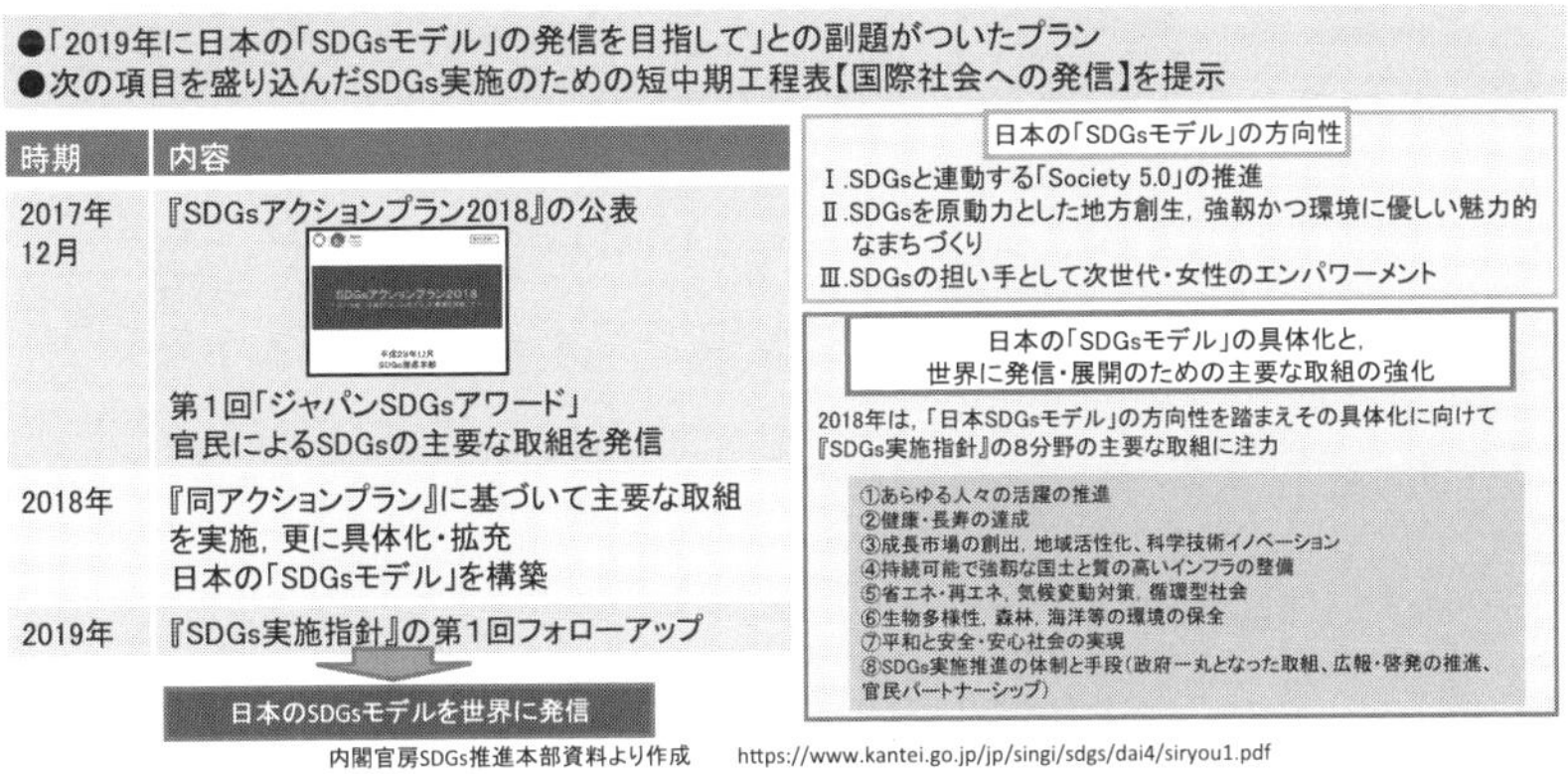
●「2019年に日本の「SDGsモデル」の発信を目指して」との副題がついたプラン
●次の項目を盛り込んだSDGs実施のための短中期工程表【国際社会への発信】を提示
時期
内容
2017年12月
『SDGsアクションプラン2018』の公表
第1回「ジャパンSDGsアワード」
官民によるSDGsの主要な取組を発信
2018年
『同アクションプラン』に基づいて主要な取組を実施，更に具体化・拡充
日本の「SDGsモデル」を構築
2019年
『SDGs実施指針』の第1回フォローアップ
日本のSDGsモデルを世界に発信
日本の「SDGsモデル」の方向性
Ⅰ.SDGsと連動する「Society 5.0」の推進
Ⅱ.SDGsを原動力とした地方創生，強靭かつ環境に優しい魅力的なまちづくり
Ⅲ.SDGsの担い手として次世代・女性のエンパワーメント
日本の「SDGsモデル」の具体化と，
世界に発信・展開のための主要な取組の強化
2018年は，「日本SDGsモデル」の方向性を踏まえその具体化に向けて
『SDGs実施指針』の8分野の主要な取組に注力
①あらゆる人々の活躍の推進
②健康・長寿の達成
③成長市場の創出，地域活性化、科学技術イノベーション
④持続可能で強靭な国土と質の高いインフラの整備
⑤省エネ・再エネ，気候変動対策，循環型社会
⑥生物多様性，森林，海洋等の環境の保全
⑦平和と安全・安心社会の実現
⑧SDGs実施推進の体制と手段（政府一丸となった取組、広報・啓発の推進、官民パートナーシップ）

内閣官房SDGs推進本部資料より作成　https://www.kantei.go.jp/jp/singi/sdgs/dai4/siryou1.pdf

経営に生かすSDGs講座
―持続可能な経営のために―

⑫

SDGs導入のために企業はどうすべきか

〈環境新聞2018年4月4日付掲載〉

すぐにもSDGsの導入を

これまで1年間にわたり、SDGsの最新の動きや第1回ジャパンSDGsアワードを見てきたが、新年度を迎え、日本企業はどう対処していくべきか考えたい。

SDGでは企業への導入指針としてSDGコンパスがある。この指針は、大きな多国籍企業に焦点をおいて開発されたが、中小企業、その他の組織も、カスタマイズして使うことができる。

また、企業全体のビジネスモデルへの適用も可能だが、個々の製品や拠点、部門レベルなどでも活用できる。

SDGコンパス：英語版はGRI、国連グローバル・コンパクトおよびWBCSD（持続可能な発展のための世界経済人会議）の発行物。日本語版はグローバル・コンパクト・ネットワーク・ジャパン（GCNJ）と地球環境戦略研究機関（IGES）が共同で翻訳

ＳＤＧコンパスで示される手順は「社会的責任に関する手引」ＩＳＯ２６０００などでも繰り返し示されている、欧米の指針らしい整理である。

５つのステップ（１）

（1）第1ステップ：ＳＤＧｓを理解する

企業は、17の目標のみならず、１６９のターゲットも含めて見ておく必要がある。２０１５年９月の国連サミットで採択された「持続可能な開発のための２０３０アジェンダ―我々の世界を変革する―」の原文も読む。外務省などが発行しているＳＤＧｓとは何かといった資料も参考にする。

（2）第2ステップ：優先課題を決定する

ＳＤＧｓを事業機会と捉え、自社の強みを生かせる分野を探す。一方、事業リスクを減らすために必要な事項を洗い出す。この場合、企業のバリューチェーン全体を通して、ＳＤＧｓとの関連を洗い出すとよい。これを「バリューチェーン・マッピング」という。調達・製造・販売という流れでの価値創造に着目する。加えてバリューチェーンを支える基盤としての企業統治、リスクマネジメント、人材マネジメント、財務マネジメントも重要である。伊藤園ＳＤＧｓモデルのバリューチェーンが参考になる。

その作業結果から、正および負の影響を評価し、企業として優先的に取り組む課題を決定する。SDGsの17目標の全てに取り組むこともできるし、環境や社会へのインパクトと優先順位により、重点化や段階的実施もできる。要は、企業がどのSDGsの達成に効果的に貢献できるかを見極め、経営効果を考えることである。

その際、内部の議論に加え、外部のステークホルダーからの意見も踏まえる必要がある。

（3）第3ステップ：目標を設定する

KPI（key performance indicator、主要業績評価指標）も設定する。

社内外で優先的事項の共有を促進し、「見える化」することで、企業として、持続可能性に対するコミットメントを示すことができる。数値化できにくいものは定性的なKPIでもよい。

ここで重要な事項が「アウトサイド・イン・アプローチ」だ。企業は自社の都合から、つまり「企業基点」で物事を考えがちだ。これは「インサイド・アウト・アプローチ」という。SDGsでは、「社会基点」、つまり、将来の持続可能な社会には何が必要かを外部や社会の視点から検討し経営判断や目標設定を行うことが推奨される。これが「アウトサイド・イン・アプローチ」である。

これは実際に社内で実行してみると難しいかもしれないが、少なくとも、自社の活動と社会課題との紐づけからスタートしてみるとよい。

目標設定では、「意欲度の設定」（level of ambition）という考えが特色である。目標と言えば、「必達目標」や「ノルマ」を想起させる日本とは異なるので、実際には容易ではない面があるが、「控え目な目標」より「意欲的な目標」の方がイノベーションや創造性を促進させ、対外的にアピールできる。また、将来の目標を定め、そこから現在を振り返って今何をすべきかというバックキャスティング手法が推奨される。現状からの積み上げ方式（フォアキャスティング）とは異なる。

5つのステップ（2）

（4）第4ステップ：経営へ統合する

「統合」という概念はこの分野で独特のものだが、要すれば、経営に組み込むという意味である。

中長期目標や企業の中核的な事業、企業統治の中にSDGsの持続可能性の項目を組み込んでいく。さらにヒト・モノ・カネの経営資源の投入と関連付けていく。

また、バリューチェーン全体を通じて、目標遂行に必要な関係者とのパートナーシップによる協働についても盛り込む。

（5）第5ステップ：報告とコミュニケーションを行う

企業は、共通の指標や共有された優先課題について、持続可能な開発に関する成果（パフォーマンス）を報告する必要がある。統合報告書などの他、企業のさまざまな情報発信の中で示していく。特にＥＳＧ投資の機運が高まっているため、適切な開示は重要である。

実際の作業はこのように局面を分けて行うわけではなく、複合的に進められる場合が多いが、以上の手順を踏まえて作業を行えば漏れがないと思う。

ＣＳＲ体系の総棚卸を

企業のＳＤＧｓ導入作業にあたっては、ＣＳＲ（企業の社会的責任）に関する体系を改めて見直す必要がある。既存の体系をうまく使うことで、効率的、効果的にＳＤＧｓに対応できるためだ。

既存の規範的な枠組みや原則、行動指針と整合する形でＳＤＧコンパスを使っていく。原則とは「国連グローバル・コンパクトの10原則」「国連ビジネスと人権に関する指導原則」などである。

また、企業によるＳＤＧｓへの貢献の基礎として企業が取り入れるよう勧められている行動指針として、ＩＳＯ２６０００（社会的責任に関する手引）のような国際的な規格がある。10年に発行されたもので、社会的責任については、ＩＳＯ２６０００が羅針盤の機能を発揮する。いわゆるソフトローだが、国際合意が難しくなっている近年の中では、世界的な合意があるとともに網羅性、汎用性ともに極めて高いものだ。組織全般の手引として出来たが、もちろんCSRのガイダンスである。国内ではJIS規格にもなっていて、政府内の議論の基準になっている。発行からすでに8年が経過し、上場企業ではかなり定着している。

そこで、まず、各企業で作成済みの場合はこのISO26000によるCSR体系を改めて見直す必要がある。未策定の場合は作業してみることをお勧めする※。

※このCSR／ESG体系の構築に役立つ、筆者が講師を務める一般社団法人企業研究会主催の連続講座「ESG対応フォーラム」のご案内

この講座は、事業会社の立場からESGを検討し、SDGsを活用したサステナビリティ経営やCSVを実践的に習得する連続講座である。内容は、①社会対応力の強化（グローバルコンパクトや国際標準のISO26000活用のCSR）、②SDGsの活用、③共有価値創造CSVの実践、④統合報告書の作成方法、⑤「発信型三方よし」のパブリックリレーションズなど。グループ討議・事例発表のほか、特別ゲスト講師の招へいや先進事例見学会も設けている。

CSR、IR、広報、ブランディング、経営企画など幅広い業務の責任者・実務家、そして経営層も対象としている。企業研究会会員以外の参加やスポット参加も可能。本年5月～7月（追加募集）と本年10月次回シリーズ開講予定。月1回。詳しくは企業研究会のサイトから：https://www.bri.or.jp/esg/

おわりに　今後の展望―SDGs先進国へ―

PPAP：政府の動き

SDGsでは、マルチ・ステークホルダーによって構成される「SDGs推進円卓会議」が設置されている（16年9月に設置）。民間企業、市民社会、地方公共団体などの社会の多様なアクターが手を携えて行動するPPAP（Public Private Action for Partnership）というアプローチを狙っている。

政府のSDGs推進本部は、総理大臣を本部長、官房長官と外務大臣を副本部長とし、全閣僚が参加する重要なもので、昨年12月26日の推進本部会合での閣僚からの発言をキーワードで拾っておく。これを見ると今後のポイントが分かる。

【外務省】国連ハイレベル政治フォーラムなどで、官民による先進的な取り組み（PPAP）の対外発信と国際協力に注力。

【財務省】国際的な「ユニバーサル・ヘルス・カバレッジ（UHC）」の推進。

【総務省】ジェンダー主流化やテレワークの推進などのICT分野。

【文部科学省】 次世代の教育振興や、地球規模課題解決などの科学技術イノベーション施策の体系化と戦略的実施。

【内閣府・五輪担当】 東京大会を持続可能性に配慮した大会とするため、都市鉱山から取れた金属を用いたメダルの製作、20年以降のレガシー。

【経済産業省】 企業と投資家の対話を促すガイダンスの活用、企業への投資が適切に促進される方策の検討、「Society5.0」実現のための「Connected Industries」の推進、「なでしこ銘柄」など女性の活躍促進、質の高いインフラの普及、省エネ、再エネの導入。

【法務省】「法の支配」を促進する国際協力、「心のバリアフリー」推進のための人権啓発など。

【厚生労働省】 保健分野ではUHC東京宣言などに則り、各国におけるUHCの推進に貢献。成長・雇用分野では、働き方改革の推進。

【内閣府・消費者】 消費者の主体的な関与も重要で、食品ロスの削減、子どもの事故防止など、「誰一人取り残さない」社会の実現。

【内閣府・地方創生】 自治体によるSDGs未来都市及びモデル事業の選定。

【内閣府・科学技術】 総合科学技術・イノベーション会議でSDGsと表裏一体をなす「Society 5.0」を推進。

【環境省】 環境基本計画の見直しで、SDGsの考え方も活用。

【農林水産省】 持続可能性は農林水産業の発展にとって基本となるテーマ。持続可能な森林経営を核とした下川町の受賞は大きな励み。

【国土交通省】 公共交通機関のバリアフリーの推進、建設現場の生産性向上、コンパクト・プラス・ネットワークの実現、リスク管理型の水の安定供給など。

この中に出ているが、経済産業省は、「伊藤レポート２・０」を公表した（昨年10月）。これは企業が持続的な価値創造に向けビジネスモデルや戦略、ガバナンスなどを投資家と対話するための「ガイダンス（価値協創ガイダンス）」を提言し、その議論の過程をまとめた「持続的成長に向けた長期投資（ＥＳＧ・無形資産投資）研究会報告書」である（座長は伊藤邦雄一橋大学大学院商学研究科特任教授）。企業にとって有形資産だけでなく無形資産（人材や研究開発、知識・ノウハウ、ブランド等）を活用することが長期的な「稼ぐ力」を確保する上でますます重要となっている。それを投資家にも開示することで、対話を通じて信任を得ることが可能となる。

今後のＥＳＧ投資や企業価値の向上を図る上で、重要な提言である。ＥＳＧやグローバルな社会課題（ＳＤＧｓ など）の戦略への組み込みが重要テーマの一つだ。

ＢＤＧｓ：経済界

経団連は、17年11月に「企業行動憲章」を「『Ｓｏｃｅｉｔｙ５・０』の実現を通じたＳＤＧｓの達成」を柱として改定した。「企業行動憲章」とは、経団連の会員企業約

1350社（製造業やサービス業などの主要な業種別全国団体、地方別経済団体47団体などを含む）に対して、遵守を求める行動原則である。

「Ｓｏｃｅｉｔｙ5・0」は第5期科学技術基本計画で掲げられた、ＩｏＴ（Internet of Things）、ロボット、人工知能（ＡＩ）、ビッグデータ等の新たな技術をあらゆる産業や社会生活に取り入れてイノベーションを創出し、一人一人のニーズに合わせる形で社会的課題を解決する新たな社会とされている。ＳＤＧｓの達成にも大いに貢献するものとの観点から企業行動憲章が改定された。

ＳＤＧｓ達成には企業の創造性とイノベーション力が不可欠であると同時に、企業は、ＳＤＧｓを経営戦略に組み込むことで、大きなビジネス機会を得ることができる。一方、リスク回避にも使うことができる。

チャンスとリスク回避の両面で競争優位が実現し、社会課題解決にもつながる。これは、経済価値と社会価値の同時実現を目指すＣＳＶをＳＤＧｓによりバージョンアップできることを意味する。それが、ＳＤＧｓは、ＢＤＧｓ（Business Development Goals）ともいわれる所以だ。

ＳＤＧｓの達成は、環境、エネルギー、都市開発などの分野で12兆ドルのビジネスを生みだすと試算されている。

非常に包括的であるために国際機関や政府だけでは達成できず、企業は不可欠なパートナーであり、実施のフロント・ランナー役だ。ビジネス・リーダーにはイノベーションを発揮しSDGsを経営戦略に統合することが期待される。

SDGコンパスの実施状況の調査が興味深い。調査対象の99企業・団体のうち、ステップ1（SDGsの理解）の段階が54%、ステップ2（優先課題の決定）は22%、ステップ3（目標の設定）とステップ4（経営への統合）はともに10%前後であった（GCNJ、IGES『動き出したSDGsとビジネス〜日本企業の取組みの現場から〜』2017年3月）。

今後は、さらにステップアップさせて、SDGsの17目標に事業を紐づけるのみならず、17目標のブレイクダウンである169のターゲットにも関連付けて、可能であれば2030年を見通したKPIを作るところまでもっていくことが望ましい。

SDGsとESG

金融界でも、全国銀行協会がSDGsやESGを踏まえて、行動憲章を改訂し、合わせて、SDGsに関する推進体制と主な取組み項目を決定した（本年3月）。

また、日本証券業協会もSDGsの達成を協会の重要課題と位置付け、「貧困・飢餓をなくし地球環境を守る」、「働き方改革そして女性活躍支援」「社会的弱者への教育支援」「SDGsの認知度向上」を柱とする「SDGs宣言」を公表した（本年3月）。

これらの動きを受けて、経済界全体でSDGｓとESGへの対応が加速していくことが予想される。

このような中で企業がESG投資家の期待にも応えるためには、これまでのISO26000の7つの中核主題での整理を生かした上で、GPIFが選定した3つのインデックスや主要海外調査機関などのガイダンスも参照してKPIの項目の内容や重要事項（マテリアリティ）を組み立て直す必要がある。

その際に、各KPIがSDGｓの17目標のどれに貢献できるかを紐づけていく。この作業を、縦軸にESG項目及び該当するISO26000の7つの中核主題、横軸にSDGｓの17目標をマトリックスの形で示していく。この結果を見て、17目標への対応で弱い部分はないか検証し、ある場合はESG項目にフィードバックしていく（社会課題起点のアウトサイド・イン・アプローチ）。

この手法で整理された伊藤園統合レポート2017（45～46頁）をご参照ありたい（85頁の図表）。

地方創生ＳＤＧｓを推進

地方創生に関係するSDGｓの取り組みも本格稼働の動きだ。ここでも、企業の本業力を発揮した参画が望まれる。

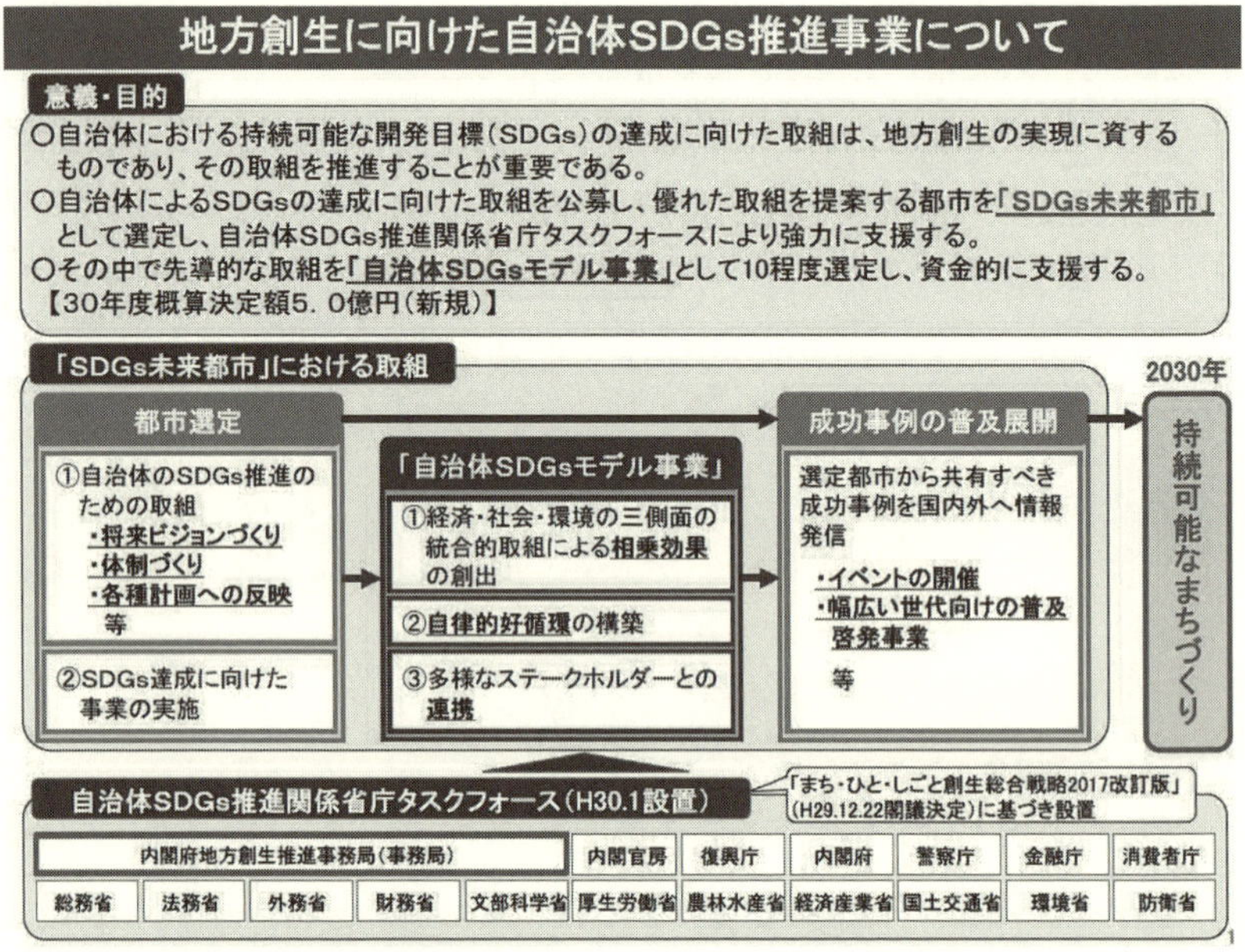
地方創生に向けた自治体SDGs推進事業について
意義・目的
○自治体における持続可能な開発目標（SDGs）の達成に向けた取組は、地方創生の実現に資するものであり、その取組を推進することが重要である。
○自治体によるSDGsの達成に向けた取組を公募し、優れた取組を提案する都市を「SDGs未来都市」として選定し、自治体SDGs推進関係省庁タスクフォースにより強力に支援する。
○その中で先導的な取組を「自治体SDGsモデル事業」として10程度選定し、資金的に支援する。
【30年度概算決定額5．0億円（新規）】
「SDGs未来都市」における取組
2030年
都市選定
①自治体のSDGs推進のための取組
・将来ビジョンづくり
・体制づくり
・各種計画への反映
等
②SDGs達成に向けた事業の実施
「自治体SDGsモデル事業」
①経済・社会・環境の三側面の統合的取組による相乗効果の創出
②自律的好循環の構築
③多様なステークホルダーとの連携
成功事例の普及展開
選定都市から共有すべき成功事例を国内外へ情報発信
・イベントの開催
・幅広い世代向けの普及啓発事業
等
持続可能なまちづくり
自治体SDGs推進関係省庁タスクフォース（H30.1設置）
「まち・ひと・しごと創生総合戦略2017改訂版」（H29.12.22閣議決定）に基づき設置
内閣府地方創生推進事務局（事務局）
内閣官房
復興庁
内閣府
警察庁
金融庁
消費者庁
総務省
法務省
外務省
財務省
文部科学省
厚生労働省
農林水産省
経済産業省
国土交通省
環境省
防衛省
1

資料出典：内閣府地方創生推進事務局資料より
https://www.kantei.go.jp/jp/singi/tiiki/kankyo/pdf/jichitai_sdgs_suishin.pdf

内閣府地方創生推進事務局は今年1月、SDGsに取り組むモデル地域を選定すると発表した。

自治体によるSDGsの達成に向けた取り組みを公募し、優れた取り組みを提案した都市を「SDGs未来都市」に選定。自治体SDGs推進関係省庁タスクフォースにより強力に支援するものだ。

6月までに最大30地域を選び、特に優れた取り組みを「自治体SDGsモデル事業」として10件選定。1事業当たり4千万円を補助する。

SDGsに基づく地方創生を推進する狙いで、内閣府の18年度当初予算に、総額5億円（新規）が計上されている。

SDGsの17目標との関連性チェック　●は主に関連するSDGs、○は関連するSDGs

ESG	7つの中核主題	ESG重要課題（マテリアリティ）	伊藤園の主な目標（KPI項目）	1	2	3	4	5	6	7	8	9	10	11	12	13	14	15	16	17
G ガバナンス	組織統治	コーポレート・ガバナンス	企業統治																●	
			内部統制																	
			サステナビリティ・マネジメント（CSR、SDGs推進基本方針などの管理、社内浸透）												○					●
			ステークホルダーダイアログの実施																	
			IR活動（投資家との対話）												○				●	
		リスクマネジメント	社会情勢の変化に対応したリスク関連委員会の開催																	
			BCP管理											●					●	
			データセキュリティとプライバシーの保護																	
		コンプライアンス	コンプライアンスの徹底、倫理規範の遵守										○						●	
S 社会	公正な事業慣行	公正な取引の遵守	取引に関する法令の遵守と社内浸透										●						●	
		サプライチェーンマネジメント	原材料の調達・サプライチェーンマネジメント（伊藤園グループ品質管理方針・調達方針に基づくサプライチェーン管理）										○		●				○	
	人権	人権の尊重	人権の尊重	○				○			●		○							
			人権啓発活動推進体制の整備・推進、ハラスメントなどに関する教育の実施																	
	労働慣行	人事・福利厚生	働き方改革制度改正への対応			●	●	●			●		●							
			福利厚生、次世代育成支援制度の活用																	
		従業員の健康・安全	労働時間短縮・有給休暇取得促進に向けた取り組み強化			●					●									
			安全な職場環境の整備																	
		人材育成	人材の獲得と退職防止、人材育成				●				●		●							
			伊藤園ティーテイスター社内検定の有資格者の育成																	
		ダイバーシティ	多様性と労働環境の平等性、女性の活躍推進				●	●			●		●							
			障がい者雇用と支援体制の強化																	
	消費者課題	製品の品質と安全性	品質管理の強化																	
			製品の安全性確保												●			○		
			JGAP導入の取り組み推進																	
		健康価値の訴求（健康と栄養性）	健康関連の研究																	
			健康に貢献する食品・飲料の開発・充実化			●						○								
			特許・商標戦略																	
		製品のパッケージングおよび適切な情報公開	環境配慮型容器などの開発			●									●					
			商品の適切な情報開示																	
		製品の求めやすさ	販路別営業網の活用および小売店の強化（お茶を活用したお客様との接点強化）			○						○								
		公正なマーケティングと広告	公正なマーケティングと広告												●				○	
		個人情報の保護	データセキュリティとプライバシーの保護（再掲）																○	
	コミュニティへの参画及びコミュニティの発展	コミュニティと人権課題	人権関連貢献型自動販売機の推進（おぎゃー自動販売機、犯罪被害者支援自動販売機など）	●										●					●	
		コミュニティと地域活動	伊藤園まち・ひと・しごと創生推進基本方針に則した地方創生活動の実施																	
			文化プログラムへの参画・活動の展開				●							●	○					○
			伊藤園ティーテイスター社内検定の活用（茶文化プログラムの推進）																	
			地域社会に対する関係強化																	
		コミュニティと産業育成	茶産地育成事業（新産地事業）の年間生産量（参考：茶園面積）		●						●	○		○	●					○
			農業生産法人との連携強化																	
		コミュニティと環境・文化	「お茶で日本を美しく。」プロジェクトの活動				●		●					●		○	●	●		○
		コミュニティの震災復興支援	震災被災地の支援継続、被災地自治体との関係強化											●						○
E 環境	環境	気候変動・大気汚染の防止	温室効果ガスの排出、全社CO₂排出削減													●				
			ヒートポンプ自動販売機比率向上							●					●	●				
			車両燃費向上																	
		省エネルギー推進	全社の電力使用量削減																	
			生産時のエネルギー管理、飲料製造工場のエネルギー削減							●					●	○				
			輸送時のエネルギー管理、ブロック生産比率向上、モーダルシフト																	
		生物多様性の保全	茶産地育成事業でのモニタリング															●		
		水の管理	生産時の水の消費と排水の管理（自社工場および委託先工場の水使用量に関する情報収集の強化）						●						●					
		廃棄物とリサイクル	廃棄物の管理、食品リサイクル率向上							●		○			●	●				
			茶殻リサイクル																	

伊藤園の事例　サステナビリティ・マネジメントの体系　ＥＳＧとＳＤＧｓ
（伊藤園統合レポート2017より）

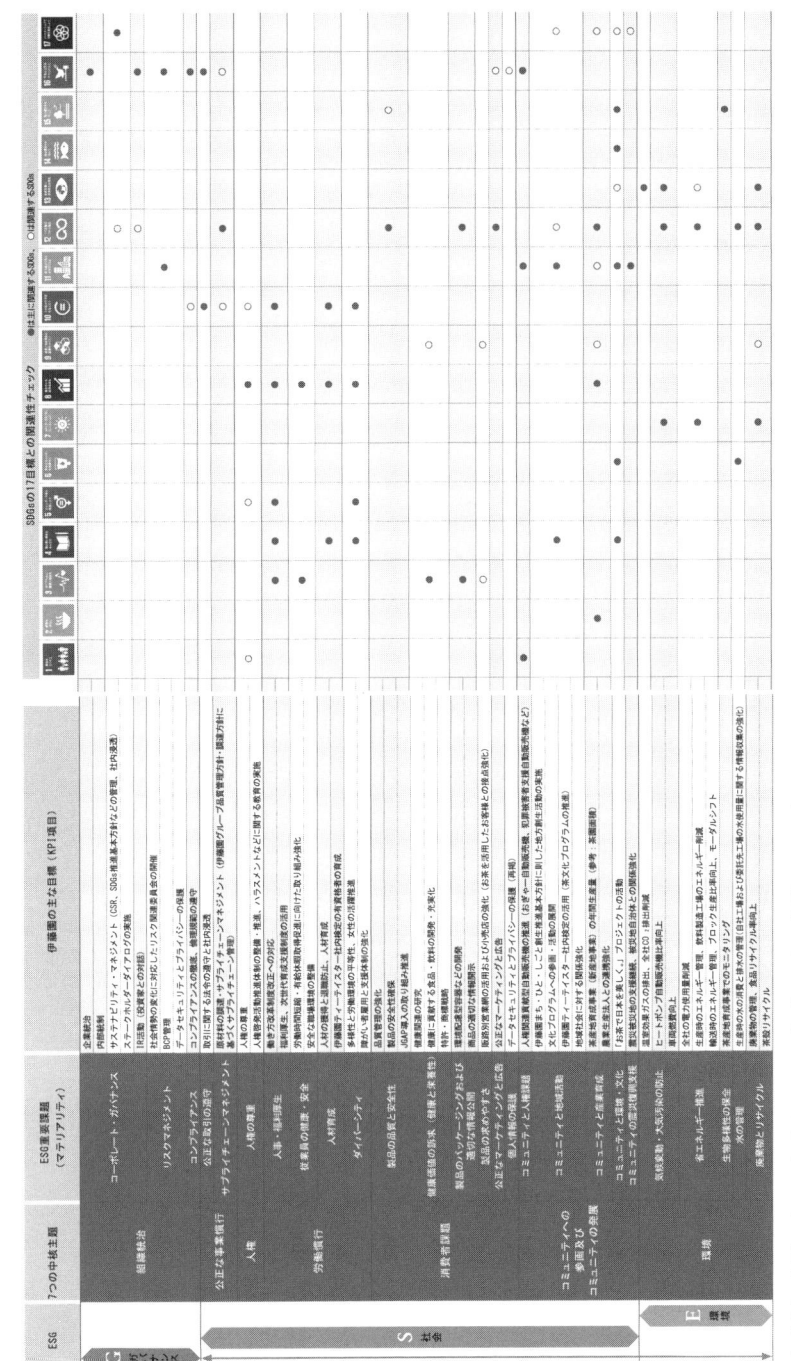

だろう。

ジャパンSDGsアワード

企業・団体などによるSDGs達成に向けた活動は、政府が優れた取り組みをトップランナーとして表彰する「ジャパンSDGsアワード」により、ますます加速していく

このアワードはSDGs推進本部で決定されるが、昨年度の第1回表彰の仕組みは次の通りであった（「ジャパンSDGsアワード」実施要領、17年9月15日SDGs推進本部幹事会決定など）。

外務省ホームページで案件の募集を行い、自薦に限るとされている。昨年は9月21日から11月21日まで募集され、その後、12月中旬に受賞者を決定。12月26日に発表と表彰式が行われた。昨年の応募総数は282の企業・団体であった。

SDGs推進円卓会議の委員らで構成する選考委員会が、受賞者を選ぶ（選考委員会の庶務は、外務省地球規模課題総括課において処理する）。

受賞者には、その功績の程度により、SDGs推進本部長（内閣総理大臣）表彰が1件、SDGs推進副本部長（内閣官房長官及び外務大臣）表彰が4件程度、その他、特筆すべき功績があったと認められる企業・団体などに特別賞が贈られる。第1回では、総理大臣賞1件、内閣官房長官賞3件、外務大臣賞2件、特別賞6件が選ばれた。

応募用紙などはインターネット上で入手でき、表彰基準等も公開されている。

評価項目は普遍性、包摂性、参画型、統合性、透明性と説明責任の5つで、これはSDGsの基本原則とされる項目と符合している。第1回受賞団体・企業については、取り組みの概要に加え、この5項目の分析結果も公表されている。

以上の情報については、SDGs推進本部の次のサイトをご参照ありたい。https://www.kantei.go.jp/jp/singi/sdgs/japan_sdgs_award_dai1/koubo.html

平成29年9月15日

「ジャパンＳＤＧｓアワード」表彰基準等

応募申請用紙の記載内容等を踏まえ，下表の各項目について、４段階の基準で評価を行い、総合的に選考する。

（１）評価項目

項目	概要
普遍性	①国際社会においても幅広くロールモデルとなり得る取組であるか ②国内における取組である場合，国際目標達成に向けた努力としての側面を有しているか ③国際協力に関する取組である場合，我が国自身の繁栄を支えるものであるか
包摂性	①「誰一人取り残さない」の理念に則って取り組んでいるか ②多様性という視点が活動に含まれているか ③ジェンダーの主流化の視点が活動に含まれているか
参画型	①脆弱な立場におかれた人々を対象として取り込んでいるか ②自らが当事者となって主体的に参加しているか ③様々なステークホルダーを巻き込んでいるか
統合性	①経済・社会・環境の分野における関連課題との相互関連性・相乗効果を重視しているか ②統合的解決の視点を持って取り組んでいるか ③異なる優先課題を有機的に連動させているか
透明性と説明責任	①自社・団体の取組を定期的に評価しているか ②自社・団体の取組を公表しているか ③公表された評価の結果を踏まえ自社・団体の取組を修正しているか

※　類似の賞の受賞歴等は参考評価とし、採点はしない。

（２）評価基準

評価	評価基準
A	極めて顕著な功績があったと認められる
B	特に顕著な功績があったと認められる
C	顕著な功績があったと認められる
D	顕著な功績は認められない

以上

資料出典：持続可能な開発目標（ＳＤＧｓ）推進本部
https://www.kantei.go.jp/jp/singi/sdgs/japan_sdgs_award_dai1/koubo.html

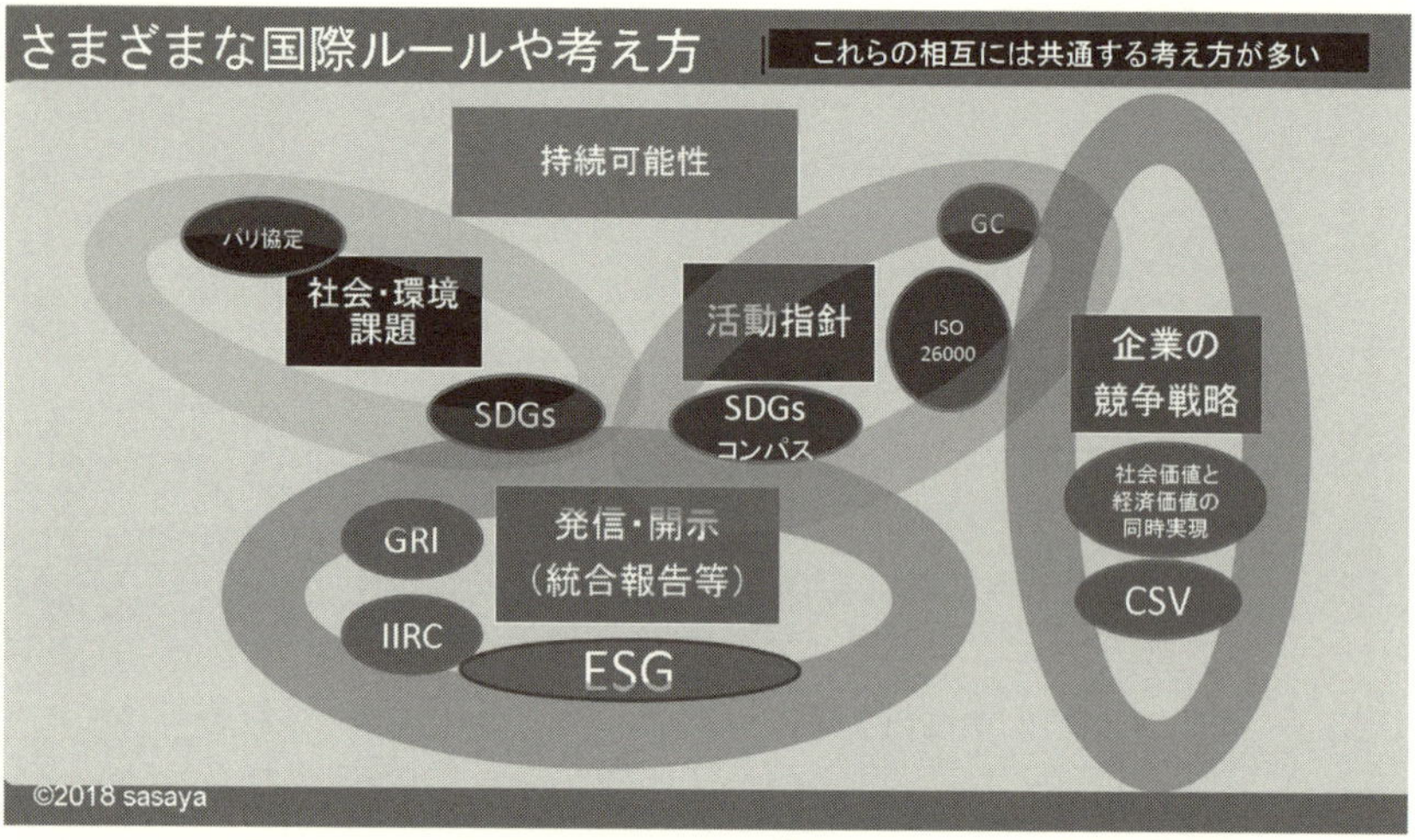

「協創力」でSDGs先進国へ

政府の「SDGsアクションプラン2018」では日本の「SDGsモデル」の世界への発信がうたわれている。

世界への発信となると、SDGsやCSR、CSV、ESGなどの非財務情報に関連する海外発の概念をよく整理する必要がある。すべて持続可能性を目的とするが、パリ協定やSDGsが社会・環境課題として取り組むべき内容を示す。活動指針を決めているのは、CSRに関するISO26000やグローバルコンパクトで、今回SDGコンパスが加わった。開示に関して、ESGの開示などをGRI（Global Reporting Initiative）やIIRC（International Integrated Reporting Council）が推進している。最近はこれらに企業の競争戦略としてのCSVの要素が全面的に入ってきている。

世界への発信に向けて、これらの非財務情報を統合化して使いこなしていくことが企業に求められている。このためには、汎用性が高い国際標準ＩＳＯ２６０００をベースに非財務情報の体系を整えていく必要がある（その手法については、巻末資料の経営倫理学会での筆者による講演録をご参照ありたい）。

これを踏まえると、企業や関係者にとって次の３点が重要だ。

①協働のプラットフォームとして持続可能性の共通言語ＳＤＧｓを使う＝「協」。
②ＳＤＧｓにより新たな共有価値の創造とリスク管理を強化する＝「創」。
③そして、ＳＤＧｓの世界への強い発信性を生かすとともに的確なＥＳＧ情報開示を行うことで、持続的な企業価値の向上と投資を呼び込む力をつける＝「力」。

ＳＤＧｓを活用することにより、この３点からなる、協働で新たな価値を生む「協創力」を発揮することがポイントだ。そして、本書で提唱した「発信型・開示型三方よし」による競争戦略で「ＳＤＧｓ先進国」を目指すべきである。

【日本経営倫理学会（JABES）主催：第9回経営倫理シンポジウム（外務省後援／BERC共催）】の概要

シンポジウム実行委員長・学会理事、笹谷秀光

「『世界共通言語となった持続可能な開発目標（SDGs）と経営倫理』～ESG時代に企業はSDGsにどう貢献するか～」をテーマに、1月18日、慶應義塾大学でシンポジウムが行われ、170名以上が参加した。

第1部【基調講演】3本と第2部【パネルディスカッション】の2部構成。その要旨を採録する。

第1部【基調講演】

◆外務省地球規模課題審議官（大使）鈴木秀生氏

「SDGs先進国を目指して」

政府はSDGs推進本部を設置しSDGs実施指針を策定。昨年暮れには、日本の「SDGsモデル」を目指す「SDGsアクションプラン2018」と「ジャパンSDGsアワード」の受賞12団体・企業を公表した。

アクションプランでは、その柱として、「Society5.0」の推進、地方創生と強靭で環境に優しい魅力的なまちづくり、次世代・女性のエンパワーメントの3つを掲げた。

SDGsは絡み合う課題を、同時かつ根本的に解決し、共通の未来を示す羅針盤だ。

ステークホルダーによるパートナーシップが鍵となる。企業の役割も重要で、従来の社会貢献を通じ企業イメージの改善を図るCSRを超えて、SDGsは本業で社会課題の解決に役立てる。ビジネスチャンスである一方、リスク回避にも使えるものだ。

最近、ESG投資が、年金積立金管理運用独立行政法人（GPIF）の動きもあり加速。SDGsに取り組む企業への投資選好は高まっており、逆に海外では気候変動分野においてSDGsに取り組まなければ投資を引き揚げる「ダイベストメント」の動きも広がっている。企業はESG情報の的確な情報開示が今後の経営のポイントだ。

経済界では経団連が「企業行動憲章」を改定し、証券業界でもSDGs関連の懇談会を設けるなどの動きがある。

日本では、SDGsの考え方を先取りする経営理念を踏まえて具体的な活動をしている企業が多く、ジャパンSDGsアワード受賞のサラヤ、住友化学、伊藤園などが主な事例となる。

自治体では地方創生や持続可能なまちづくりの取り組みが活発化。表彰された吉本興業などのエンタメ業界も

大きな影響力があり、連携してＳＤＧｓ認知度の向上を図っている。ピコ太郎氏には「ＳＤＧｓ推進大使」をお願いしている。今後社会を牽引していく次世代への周知が重要だ。

アワードでは２８２の企業・団体の応募から、内閣総理大臣賞に北海道下川町、内閣官房長官賞に3団体、外務大臣賞に2団体、加えてパートナーシップ賞特別賞に6団体が表彰された。

今後、官民のベストプラクティスをベンチマーク化して、ＳＤＧｓによる新たな市場・雇用を創出しつつ、国内外のＳＤＧｓを同時に達成するＳＤＧｓ先進国を目指していく。

◆日本経団連　教育・ＣＳＲ本部長　長谷川知子氏
「企業行動憲章の改定　―Soceity5.0の実現を通じたＳＤＧｓの達成―」

「企業行動憲章」とは、経団連の会員企業（約１３５０社と、製造業やサービス業などの主要な業種別全国団体、地方別経済団体47団体など）に対して、経団連が遵守を求める行動原則である。17年11月に「Soceity5.0の実現を通じたＳＤＧｓの達成」を柱として、企業行動憲章を改定した。

「Soceity5.0」とは第5期科学技術基本計画で掲げられた日本の新しい成長モデルのことで、「課題解決」と「未来創造」の視点を兼ね備え、国連で掲げられたＳＤＧｓの達成にも大いに貢献するものだ。

ＳＤＧｓ達成には企業の貢献（創造性とイノベーション）が不可欠であると同時に、企業は、ＳＤＧｓを経営戦略に組み込むことで、大きなビジネス機会を得ることができる。つまり、ＳＤＧｓは大きなビジネス機会をもたらすＢＤＧｓ（Business Development Goals）でもある。

ＳＤＧｓの達成は環境、エネルギー、都市開発などにおいて12兆ドルのビジネスを生みだす。

ＳＤＧｓは非常に包括的であるため国際機関や政府だけでは達成できないが、企業は不可欠なパートナーであり、実施のフロント・ランナー役だ。

ビジネス・リーダーには、イノベーションを発揮し、ＳＤＧｓを経営戦略に統合することが期待される。

◆笹谷秀光
「ＥＳＧ時代の企業によるＳＤＧｓ活用と価値創造」

最近はＥＳＧのうねりがきて、15年はＥＳＧの全てについて重要な決定があった。20年に東京五輪・パラリンピックを迎え、大阪の万博招致が25年、そして30年のＳＤＧｓ目標に向かう。こういうタイムラインの中で18年はＳＤＧｓの「実装元年」となる。

変化の中で国際的羅針盤として使えるのが10年発行のＩＳＯ２６０００「社会的責任に関する手引」。本業のＣＳＲと7つの中核主題を提示したガイダンス規格で網羅性が高く国際合意のある優れたものだ。

ＣＳＲの訳語の社会的「責任」は狭いので、「レスポンス＋アビリティ」、すなわち「社会対応力」と捉え直す。併せてポーター教授らの提唱した、経済価値と社会価値を同時実現しようという共有価値の創造（CSV）で競争戦略を強化する。

SDGsについては、ISO26000が示した7つの中核主題に、SDGsの各目標で関係のある項目をマッピングしていくと、多くの企業で、導入済みのISO26000の体系を使いながら、30年の目標を当てはめて最新課題に対応できるCSRになる。

「SDGコンパス（SDGsの企業の導入指針）」を使ってチャンスとリスクの両方を見直すことで、経済価値の実現・競争優位とリスク回避・社会課題の解決につながるので、CSVをバージョンアップできる。さらにISO26000体系はESGの対処にも役立つ。

第1回「ジャパンSDGsアワード」の発表で、各セクターのトップランナーが選ばれ、いよいよSDGs「実装元年」を迎えたと思う。

第2部【パネルディスカッション】
（モデレーター：梅津光弘会長）

参加者の主な発言は次の通り。

◆沖大幹氏　（国連大学 上級副学長）

SDGsをBDGsと捉え、社会的責任ではなくビジネスアイデアのヒントだと考えてはどうか。実施にはトレード・オフがあり、優先順位をつけざるを得ない。

SDGsは21世紀の大義名分である。実態にそぐわないルールは実態に合うよう変える努力を怠ってはいけない。無礼講は世界では通用しない。

激動する社会で安定して発展する社会にし、企業が持続的に成長するためには、慈善事業や寄付行為でなく本業での活動が大事である。

日本に本部のある国連組織は国連大学だけで、日本のためだけに働くわけではないが、いろいろな形で国内外のSDGs達成への取り組みを推進していきたい。

◆黒田かをり氏　（一般財団法人CSOネットワーク 事務局長・理事）

SDGsの特徴は「誰一人取り残さない」という精神で、すべての人の人権の実現、ジェンダー平等、女性と女の子のエンパワーメントを目指している。

企業やNPO・NGOなどが果たせる役割は大きく、社会課題の特定、事業連携、ルール形成、評価などにおいて目的を共有し理解を深めることが重要だ。また、多様なステークホルダーとのコレクティブ・アクションを促進し、新たな価値創造に結びつける。

SDGs時代には企業も含めた関係者により、またミレニアル世代などの若者のパワーも使い、持続可能な未来に向けた「変革」を目指すべきだ。

◆鈴木亮氏　（日本経済新聞社編集局 編集委員兼キャスター）

17年はSDGs浸透元年。象徴的な例は、吉本興業の芸人さんの発信力や、日本証券業協会の主導で証券会社の営業員がSDGsバッジを付けて認知を高めた件だ。18年はSDGs実施の1年にすべき。

SDGsやESGに対応している企業の株価や業績

が上がるのは、トップがグローバルな視野で問題意識を持っているからだ。経営として取り組まなければマーケットに取り残される。消費者も世の中に貢献できるモノを買う。メディアとしてもこのような動きを伝えていきたい。

また、ＳＤＧｓでは大学の役割や就職活動面での配慮なども必要だ。

◆長谷川知子氏

経団連としては、「Society5.0」によるイノベーションを通じてＳＤＧｓを達成し、企業価値を向上していくのが中核だ。経営トップがＳＤＧｓの取組みを経営の中核に置き、企業価値向上につなげるリーダーシップが重要だ。

国際的な羅針盤としてのＩＳＯ２６０００などの概念整理をしつつ、ＳＤＧｓは本業を通じた「Ｂｅｙｏｎｄ ＣＳＲ（ＣＳＲを超えた活動）」にすべきだ。

◆笹谷秀光

ＳＤＧｓをチャンスとリスク回避の両面で使えば、ＣＳＶの強化になる。ＳＤＧｓはソフトロー的なもので、目標を、必達目標というより、革新に向けた方向性と捉えている。

ＳＤＧｓの17目標から自社のマテリアリティを抽出し、経営計画に落とし込んでいく。「ビジネス・ディベロップメント・ゴールズ（ＢＤＧｓ）」という言葉がそれを表している。

ＩＳＯ２６０００、ＳＤＧｓ、ＥＳＧなどの「非財務情報の統合化」と外来語の「自分ごと化」が重要だ。これを反映した実践である「伊藤園統合レポート２０１７」もご参照いただきたい。

今回のシンポジウムの実行委員長として、その辺のコツを皆様につかんでいただけたら幸いである。

◆鈴木秀生氏

ＥＳＧを意識した企業の業績が良くなるのはある意味当然のことで、ＥＳＧ、ＳＤＧｓなどに取り組む企業は新たな社会的価値に敏感で、消費者のニーズを的確に捉えた商品、サービスを提供する企業だ。

逆に消費者側からもそれを求め、投資家も株主の立場から企業に注文することが重要だ。これを促進するためには企業による情報開示が必要であり、開示方法についての制度や開示基準など一定のルールも必要である。

◆梅津光弘氏

ＳＤＧｓはシリーズ化すべき大きなテーマだ。フロアからも質問もいただき充実した時間であった。

ＳＤＧｓの推進で重要なのは、教育だ。世界で活躍する人材を一生懸命育てていかなければならない点も触れていただき大変良かった。

※本稿は日本経営倫理学会報（2月28日、№75第78号）からの転載である。

日本経営倫理学会主催シンポジウム：実行委員長・笹谷秀光基調講演

「ESG時代における企業のSDGs活用による競争戦略」

1月18日に行われた経営倫理学会主催のシンポジウム（90～93ページ参照）での基調講演の概要を紹介する。本書の内容を全体的な角度から述べたものであり、SDGsを理解する上での参考にしていただきたい。

「結の郷」から世界標準へ

最初に写真を1枚ご覧ください。これは世界遺産の白川郷、合掌づくりの所で見つけた写真です。今でも100以上残っているそうですが、昔から茅葺き屋根の葺き替えをして、保存してきています。この関係者と協働する仕組みを「結」（ゆい）と呼んでいます。日本社会には昔から受け継がれてきたこのような素晴らしい仕組みが残っています。

これを世界に向けてどう説明していくか、そしてSDGsの17番「パートナーシップ」として説明していけるかどうか、これが今の時代の焦点ではないかと思います。

「結」と言いますと、福井県大野市でも「結の故郷」がキーワードです。有名な越前大野城も守っています。岡田高大市長とお話して、白川郷のような世界遺産や文化庁が定めている文化遺産などの登録はいかがですかと尋ねたところ、「大野市では『おおの遺産』というのがある」と、条例で大野が守るべきものを決めているそうです。素晴らしい取り組みだと思いました。

そして大野市は、このポスターで、昨年の8月1日、水の日に打って出ました。広告の賞で、環境大臣賞を取りました。「水の日なんかいらない世界にしよう」とあります。大野市は水に恵まれているため、水についての認識を新たにして、水に恵まれない国があれば応援していこうというコンセプトのもと、「水への恩返しCarrying Water Project」を、パートナー企業を募って実施しています。伊藤園もパートナー企業になりました。

さらに、大野市は日本ユニセフ協会に相談し、東ティモールが水に困っているとわかり、水の応援をしています。

また、2020年東京五輪・パラリンピック（以下「東京五輪」）のホストタウンに手を挙げて、東ティモール選手のホストタウンになりました。次から次と人のつながりが生じて、水でまちおこしをする素晴らしい取り組みに育っています。

世界に進出している事例としては、今回ジャパンSDGsアワードの外務大臣賞を受賞した住友化学のオリセット®ネットが有名です。これはアフリカなどで、マラリア防止のための薬剤を刷り込んだ蚊帳、オリセット®ネットを通じて感染症のみならずさまざまなSD

写真：白川村提供

図版：大野市提供

Ｇｓの目標に貢献しています。

今や、地方、東京、世界がシームレスにつながっていることがよく分かるのではないかと思います。このような時代における持続可能性という価値観が今回のテーマです。

ESG元年（'15）からSDGs実装元年（'18）へ

いま我々が置かれている状況を時系列で見ると、パリ協定ができ、ＳＤＧｓができ、日本ではコーポレートガバナンス・コードができて、まさにＥＳＧ（環境、社会、ガバナンス）全てについて重要な決定がなされたのが15年でした。

そこで、私は15年を「ＥＳＧ元年」と呼んでいます。そしてぎりぎり20年の東京五輪に間に合い、25年の日本万博博覧会の大阪招致構想にもつながってくる。それを踏まえて、SDGsの目標年次30年を目指していくわけです。

私は、昨年の17年はSDGsの認識・浸透元年、今年の18年はぜひ「SDGs実装元年」にしていくべきと思います。

なぜかというと、東京五輪こそがまさにSDGsを念頭においた調達のルール、イベント運営のルールの整備がなされる場であり、東京及び日本で行われるからです。SDGsを世界の前で示していく絶好のチャンスなのです。

こういう「締め切り効果」を活かして、日本人全員がSDGsを理解して、持続可能な社会づくりに貢献していくのです。

本日のシンポジウムはこのような角度から実行委員長として設計しました。この18年の新年にあたり、SDGs実装元年に自分は何ができるか、自分の組織は何ができるかを持ち帰っていただきたいと思います。

このように見てきますと、持続可能性新時代が到来しているのがわかると思いますが、少し振り返ってみますと、1987年の「Our Common Future（我ら共通の未来、国連『環境と開発に関する世界委員会』の報告書）」以来、「トリプルボトムライン」の概念や、10年のISO26000「社会的責任の手引」発行がありました。そして、15年にいろいろなものが出揃ったわけです。

先ほどの3つの重要事項に加え、年金積立金管理運用独立行政法人（GPIF）が国連責任投資原則（PRI）に署名したのも15年でした。17年にはGPIFがESGインデックスを3つ選定・公表し、これにより日本でもESG投資が加速しています。そのような中で「伊藤レポート2.0」が公表され、「価値協創ガイダンス」も示されるなど、重要な流れが次から次へと出て来ています。

世界ではESG投資のうねりが来ています。PRIの06年の提起以降、署名機関数は急速に増え、投資額も増えています。

16年のSRIの資産総額のデータによると、欧州が非常に多く約5割、続いて米国が4割弱ですが、日本は2％強にとどまります。日本でも今後急速に加速していくのではないかと思います。

それを牽引しているのがGPIFの発信です。GPIFでは、PRIへの署名とSDGsをリンクさせ、ESG投資にはPRI、事業会社はSDGsの活用が重要だと打ち出しています。このように、ESGとSDGsが、ある種、裏腹の関係になっています。

また、GPIFは、企業はSDGsを使って共有価値を創造せよ、ということにも触れています。これにより投資家にとっては投資機会の増加につながり、企業にとっては事業機会の増加にもなる。こういうウィン・ウィン関係を築くためにはどうすれば良いか。こういうことが今のポイントです。

背景となった日本再興戦略の中で、スチュワードシップ・コードができ、続いてコーポレートガバナンス・コードが示され、かつてのトリプルボトムラインが進化して、経済のところに「G（ガバナンス）」が入ってきたというのがＥＳＧのポイントだと思います。

ＣＳＲ再考とＣＳＶ（価値創造）

さて、このような中で、ＣＳＲはどうなったのか。また、ＣＳＶという概念もあります。

出発点となるのは、10年発行のＩＳＯ２６０００ではないかと思います。これはソフトローではありますが、世界的合意で網羅性も高く、ＣＳＲを進める上では汎用性が極めて高いものです。

組織全般の手引としてできましたが、もちろんＣＳＲのガイダンスにもなり、これはＪＩＳ規格にもなっていて、政府内の議論の基準にもなっています。

今は国際合意を得るのはなかなか難しい時代になってきましたが、ＩＳＯ２６０００は、国際合意が取れた10年の文書としてもう一度よく見直しておく必要があります。

ここにあるように、ＩＳＯ２６０００が、７つのやるべきことリスト（中核主題）を定めているのは皆さんご承知のとおりです。組織統治をきちんとして、人権、労働慣行、環境、公正な事業慣行、消費者課題、コミュニティ課題と、バランスの良いまとめになっています。

加えて、本業活用で対応しろと言ったことが非常に重要です。本業で実行しなければ継続性がない。本業で実施すると効果が高い。フィランソロピー型で活動する一方、本業で社会・環境に負荷をかけるのは許されない。この３点が理由だったわけです。

７つの中核主題は国連グローバル・コンパクトが示し

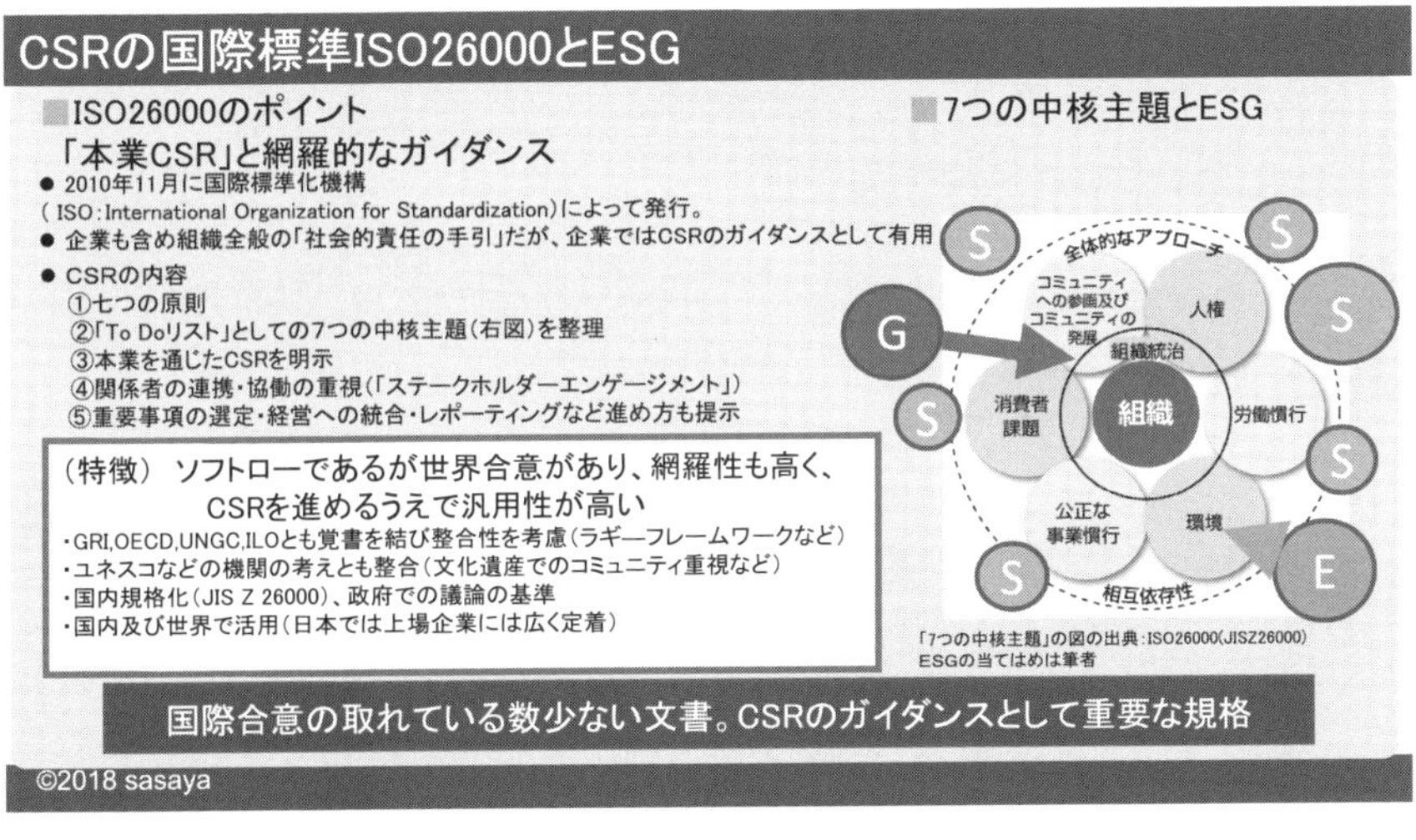
CSRの国際標準ISO26000とESG
ISO26000のポイント
「本業CSR」と網羅的なガイダンス
● 2010年11月に国際標準化機構
（ISO：International Organization for Standardization）によって発行。
● 企業も含め組織全般の「社会的責任の手引」だが、企業ではCSRのガイダンスとして有用
● CSRの内容
①七つの原則
②「To Doリスト」としての7つの中核主題（右図）を整理
③本業を通じたCSRを明示
④関係者の連携・協働の重視（「ステークホルダーエンゲージメント」）
⑤重要事項の選定・経営への統合・レポーティングなど進め方も提示
（特徴） ソフトローであるが世界合意があり、網羅性も高く、
CSRを進めるうえで汎用性が高い
・GRI,OECD,UNGC,ILOとも覚書を結び整合性を考慮（ラギーフレームワークなど）
・ユネスコなどの機関の考えとも整合（文化遺産でのコミュニティ重視など）
・国内規格化（JIS Z 26000）、政府での議論の基準
・国内及び世界で活用（日本では上場企業には広く定着）
7つの中核主題とESG
全体的なアプローチ
コミュニティへの参画及びコミュニティの発展
人権
組織統治
組織
消費者課題
労働慣行
公正な事業慣行
環境
相互依存性
G
S
E
「7つの中核主題」の図の出典：ISO26000（JISZ26000）
ESGの当てはめは筆者
国際合意の取れている数少ない文書。CSRのガイダンスとして重要な規格
©2018 sasaya

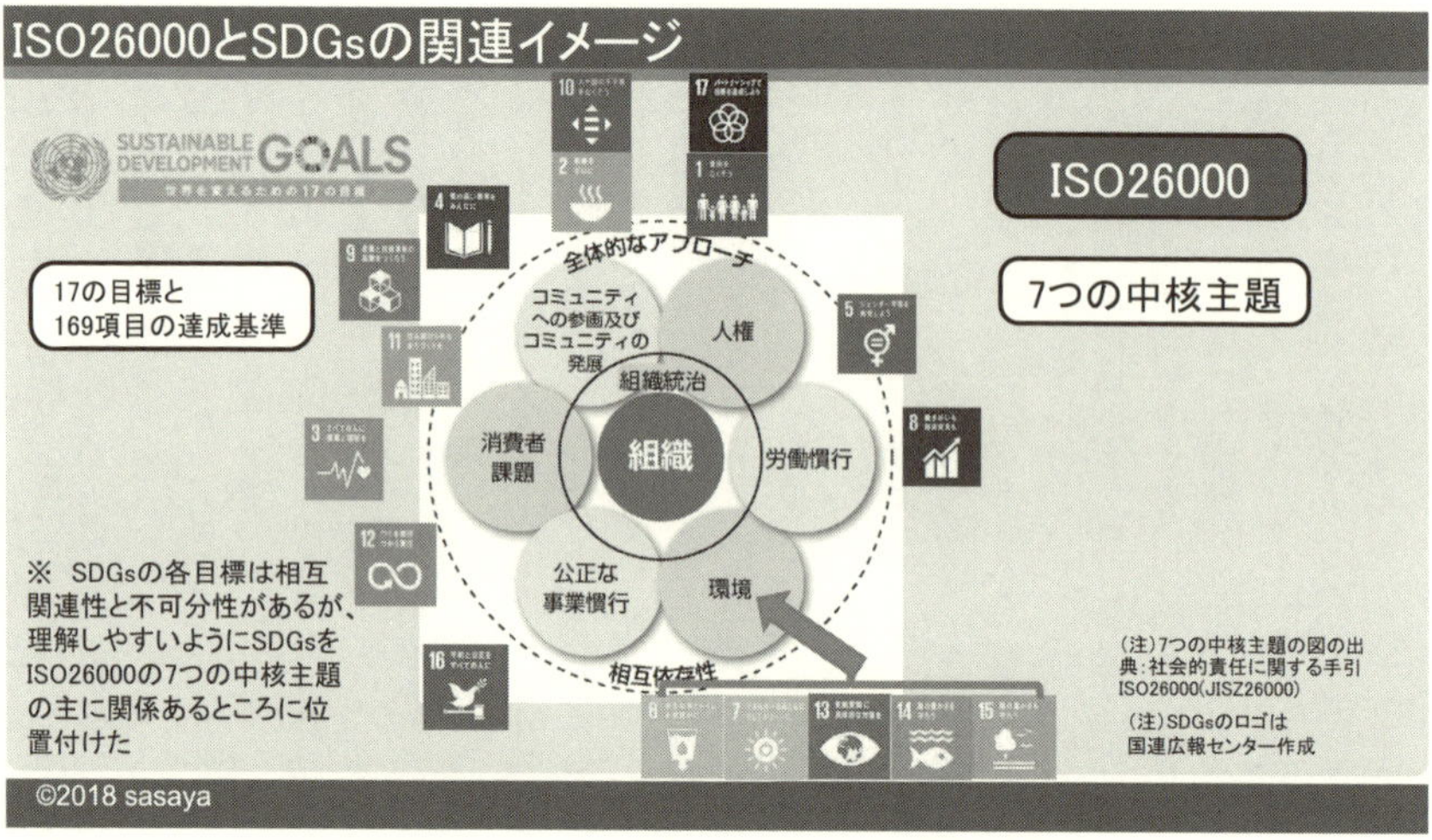

ている「人権」、「労働慣行」、「環境」、「公正な事業慣行」のうちの「汚職の防止」とも整合していることが重要です。

つまり、フィランソロピー型のＣＳＲから本業のＣＳＲに切り替えたのがＩＳＯ２６０００です。

ここで私は、日本語の「責任」と言う単語は少し意味が狭いと思います。レスポンス（対応）＋アビリティ（能力）＝社会対応力と捉え直す必要があるのではないでしょうか。

本業のＣＳＲで社会対応力を付けると、11年に米経営学者のマイケル・ポーター氏らが提唱した「共有価値の創造（ＣＳＶ）」という、社会価値と経済価値の同時実現にすぐにつながると考えています。

そして、ここにＥＳＧ投資がきたわけです。ＥＳＧについても、７つの中核主題の真ん中に「Ｇ」があり、それを取り囲む主題の１つに環境の「Ｅ」があり、残る５つが「Ｓ」となります。

私の見方からすると、この「Ｓ」の部分が論者や調査機関によってかなり混乱しています。そこに世界標準のＩＳＯ２６０００があるので、これにもう一度立ち戻って、そこで示されている項目を参照してはいかがかなと思います。

なお、「ＣＳＲからＣＳＶへ」といった誤った言い方もありますが、ＣＳＲが本業のＣＳＲになったので、コーポレートガバナンスやサステナビリティ項目の中からマテリアリティ（重要事項）を選んで、ＣＳＶとして、重要事項に攻めのアプローチをしていく。このように両者

SDGsの両面（チャンスとリスク）　SDGコンパスの理解
SDGコンパス
SDGsの両面
両面のバランス
経済価値（チャンス）
社会・環境（リスク）
市場開拓につなぐ製品・サービス（環境技術、IC活用等による地球課題解決）
世界の共通言語（SDGs）を用いた国内外ステークホルダーとの関係強化など
事業継続リスク（企業活動で守られるべき人権、環境、労働、腐敗防止等の問題がSDGsの目標と深く関連）
リスクマネジメントとしてのCSRが必須
経済価値の実現と競争優位
SDGsでバージョンアップしたCSV
社会・環境リスク回避と課題解決
非財務情報の統合化→価値創造
©2018 sasaya

を併用する戦略が適切であると思います。

さらに、ここにＳＤＧｓが出てきました。これをどのように企業として捉えていくか。ここでもう一度、ＩＳＯ２６０００と擦り合わせてみるのが有効です。ＳＤＧｓの17目標を７つの中核主題の関係する箇所にマッピングしてみました。

そうすると、10年に決めたやるべきことリスト（７つの中核主題）に、30年の目標が加わってくる。このダイナミズムが加わることによって、ＩＳＯ２６０００の社会的責任についてもバージョンアップができるわけです。

また、素晴らしいことに、ＳＤＧｓにはＳＤＧコンパスという企業向けの導入指針が示されています。ポイントを整理すると、ＳＤＧｓの目標17個は「チャンス」です。あなたの企業にとってチャンスはどれでしょう。一方で「リスク回避にも使ってください」となっています。この両面をチェックすると、競争優位が実現し、社会課題解決のリスク回避にもなっている。

これは、経済価値と社会価値を同時実現するＣＳＶそのものを、ＳＤＧｓによりバージョンアップする形になるわけです。これにより、いわゆる非財務情報を統合化して価値創造していくことができると見ています。

世界の動きを意識し、ＳＤＧｓ日本モデルの展開を

さて、世界の動きは早いです。スウェーデンのＩＣＴ企業エリクソン社の15年のサステナビリティレポートでは、ＳＤＧｓの17目標全てにアンバサダーを決めています。私はこれを「エリクソン・ショック」と呼んでいますが、ＳＤＧｓができたわずか半年後のレポートです。

そしてもう一つは「SDG Industry Matrix（産業別ＳＤＧ手引き）」です。これはいわば優良事例集ですが、例えば食品・飲料分野が伊藤園に関係あるので見てみますと、60数社が並んでいる中、日本企業は１社だけなのです。

世界標準での日本のプレゼンスがいかに低いかということに危機感を持つべきだと思います。

今日お集まりの皆様はご自身の分野で、どのような企業が事例として並んでいるのか見ていただければ、これはＳＤＧｓの目標1についての優良事例、目標2についての優良事例…ということが分かります。ここに日本企業ももっと載せていかなければいけないなと思うわけです。

政府も本格的に動き出しています。今日は鈴木大使がご説明されましたが、いよいよ「アクションプラン２０１８」ができて、ＳＤＧｓ日本モデルを世界に発信していくということであります。

今回のアクションプランを私なりに見てみると、日本モデルを世界に発信するための3つの方向性や重点8分野が示されていますが、その8番目の「ＳＤＧｓ実施推進の体制と手段」という項目に「ＥＳＧ投資の推進」が明示されている。これも今後のＥＳＧ投資の加速要因になっていくのではないかと思っています。

そして政府は「ジャパンＳＤＧｓアワード」を示して、優良事例のイメージを持とうということになったわけです。

アワードの評価項目は5項目ありました。これはＳＤＧｓの本質そのものなのですが、普遍性、包摂性、参画型、統合性、透明性と説明責任の5点です。私の勤務する伊藤園も特別賞を受賞させていただき、官邸での授賞式に参加いたしました。

受賞企業、団体を見ますと、「なるほどなぁ」というモデル例がたくさん並んでおります。

それぞれについて簡単に紹介しますと、サラヤは、東南アジアなどで消毒液を配っており、健康衛生の側面での貢献です。吉本興業は、芸人をそれぞれのテーマに割り振りまして、みんなに分かりやすくＳＤＧｓを浸透させる活動を行っている。

伊藤園は、調達から製造、販売に至るまで、バリューチェーンの全ての活動がどのＳＤＧｓの目標に該当するか、マッピングしました。ＳＤＧコンパスのステップ2「優先課題を決定する」で、バリューチェーンの活動をマッピングすることが推奨され、それを実行した内容です。結果、ＳＤＧｓのほぼ全ての目標に関係があると分かりました。

なお、住友化学や伊藤園は、ホームページのトップページに特設バナーを設けて、ＳＤＧｓの取り組みを紹介しています。

ここには、ＳＤＧｓについてのトップメッセージとともに、ＳＤＧｓの各目標に責任を持つ役員の体制が示されています。これで、先ほどのエリクソン並みに展開ができる構造になったわけです。

「産学官金労言」のプラットフォームに学ぶ

最近は、SDGsの関係者が連携する活動の基盤（プラットフォーム）がどんどんできてきています。産業界と行政、教育という昔の「産官学」だけではなく、金融界や労働界、メディアも加えた「産官学金労言」のプラットフォームです。もちろんNPOやNGOも加わります。

企業の主導したものとしては、住友化学、伊藤園、パナソニックの事例があります。また、行政主導型では先ほど紹介した大野市の水、下川町のバイオマス発電、環境の北九州市です。高知県は、伊藤園とSDGsを踏まえた地方創生包括協定を結んでいて、特色ある事例です。

大学主導では、東京大学が「One Earth Guardians（地球医）育成プログラム」を行っています。SDGsを踏まえ、地球を守る人材を育成する新たな教育プログラムで、企業パートナーも募集しています。

メディアも非常に大事で、「日経ESGプロジェクト」では、SDGsとESGといったテーマでメディアらしい発信を深めています。金融の例としては、富山大学と魚津市に加え、地元金融機関が参加する、非常にユニークな「魚津三太郎塾」という実践プログラムがあります。

このような関係者連携の仕組みをどんどんつくって、PPAP（官民パートナーシップ、Public Private Action for Partnership）をさらに深めていくということではないかと思います。

統合志向で新たな価値創造を

さて、以上の流れを受けて、「統合思考」と新たな「価値協創」が重要になってきました。

これまでESGとSDGsの両面を考えてきましたが、企業の場合、まずはESGの各項目で「やるべきことリスト」の洗い出しを進めるべきです。

ESGにきちっと対処したKPI（重要評価指標）を設定し、それを実行することで、それぞれの活動がSDGsのどの目標に関係しているかマッピングし、マトリックス化していくのです。これが標準形ではないかと思います。

その結果、SDGsの貢献が手薄なところがあれば補強する。一方、SDGsからスタートする社会課題起点も必要です。例えば水問題に取り組むなどですが、グローバル企業を別とすれば1社ではなかなか難しいかもしれません。

これまでさまざまな外来語の概念を使って説明してきました。横文字のため、なかなか難しい面があります。私も7年ほどCSRを担当してきて、それぞれの用語の捉え直しが必要だなとしみじみ思うわけです。

CSRはさきほど申し上げた「レスポンス＋アビリティ」、つまり、社会対応力。

CSV（共有価値の創造）というのも分かりづらい概念なので、むしろ「ウィン・ウィン関係の構築」と理解したほうが良いでしょう。

SDGsも「持続可能性の共通言語」といった捉え方の方が幅広いのではないでしょうか。

「サステナビリティ」も、私なりに「世のため、人のため、自分のため、そして、子孫のため」という、世代軸の入った概念と捉える。

　今日お集まりの皆さんは関係者に伝えていかねばならない立場の方が多いので、以上の感じでまず「腑に落として」理解いただき、それから中身に入っていくということではないかと思います。

ESGとSDGsを理解するマトリックス（イメージ）

●印は主に関連するSDGs、○印は関連するSDGs

ESG	7つの中核主題	ESG重要課題（マテリアリティ）	1	2	3	4	5	6	7	8	9	10	11	12	13	14	15	16	17
G	組織統治	コーポレートガバナンス																●	●
		リスクマネジメント											●					●	
		コンプライアンス										○						●	
S	公正な事業慣行	公正な取引の遵守										●						●	
		サプライチェーンマネジメント										○		●				○	
	人権	人権の尊重	○				○			●		○							
	労働慣行	人事・福利厚生			●	●	●			●		●							
		従業員の健康・安全			●					●									
		人材育成				●				●		●							
		ダイバーシティ				●	●			●		●							
	消費者課題	製品の品質と安全性												●			○		
		健康価値の訴求			●						○								
		製品の適切な情報公開			●									●					
		製品の求めやすさ			○						○								
		公正なマーケティングと広告												●				○	
		個人情報の保護																○	
	コミュニティへの参画及びコミュニティの発展	コミュニティと人権課題	●										●					●	
		コミュニティと地域活動				●							●	○					○
		コミュニティと産業育成		●						●	○		○	●					○
		コミュニティと環境・文化				●		●					●		○	●	●		○
		コミュニティの震災復興支援											●						○
E	環境	気候変動・大気汚染の防止							●					●	●				
		省エネルギー推進							●					●	○				
		生物多様性の保全															●		
		水の管理						●						●					
		廃棄物とリサイクル							●		○			●	●				

©2018 sasaya

ことではないかと思います。

　もう一点、関係する概念を整理すると、全て持続可能性にかかわるものですが、パリ協定やＳＤＧｓは社会・環境課題として取り組むべきことを示しています。

　活動指針を決めているのがグローバル・コンパクトやＩＳＯ２６０００で、今回、ＳＤＧコンパスが加わったわけです。ＥＳＧの開示などについてはＧＲＩやＩＩＲＣが推進しています。

　このように、大きく括って考えると良いと思います。

　さらに最近は、これらの概念やルールに影響を与える形で、企業の競争戦略であるＣＳＶの要素が全面的に入ってきていると思います。

　日本には、これらの外来語を使わなくても、「自分よし、相手よし、世間よし」の「三方よし」があります。ただ、これとともに付随する「陰徳善事」が邪魔をしている。そこで私は「発信型・開示型の三方よし」に切り替えていくべきと考えています。

　その上で、「世間」のところにＳＤＧｓを入れ込んでいく。このような身近に分かる説明で社内に浸透させていくことができます。

　全体を総括しますと、ＳＤＧｓの活用により、協働のプラットフォームを作り（協）、共有価値の創造を進め（創）、そして投資も呼び込む発信力をつける（力）。

　この「協創力」で、持続的な企業価値の向上と社会課題の解決を同時に実現し、いよいよＳＤＧｓ先進国に打って出るべきではないかと思っています。

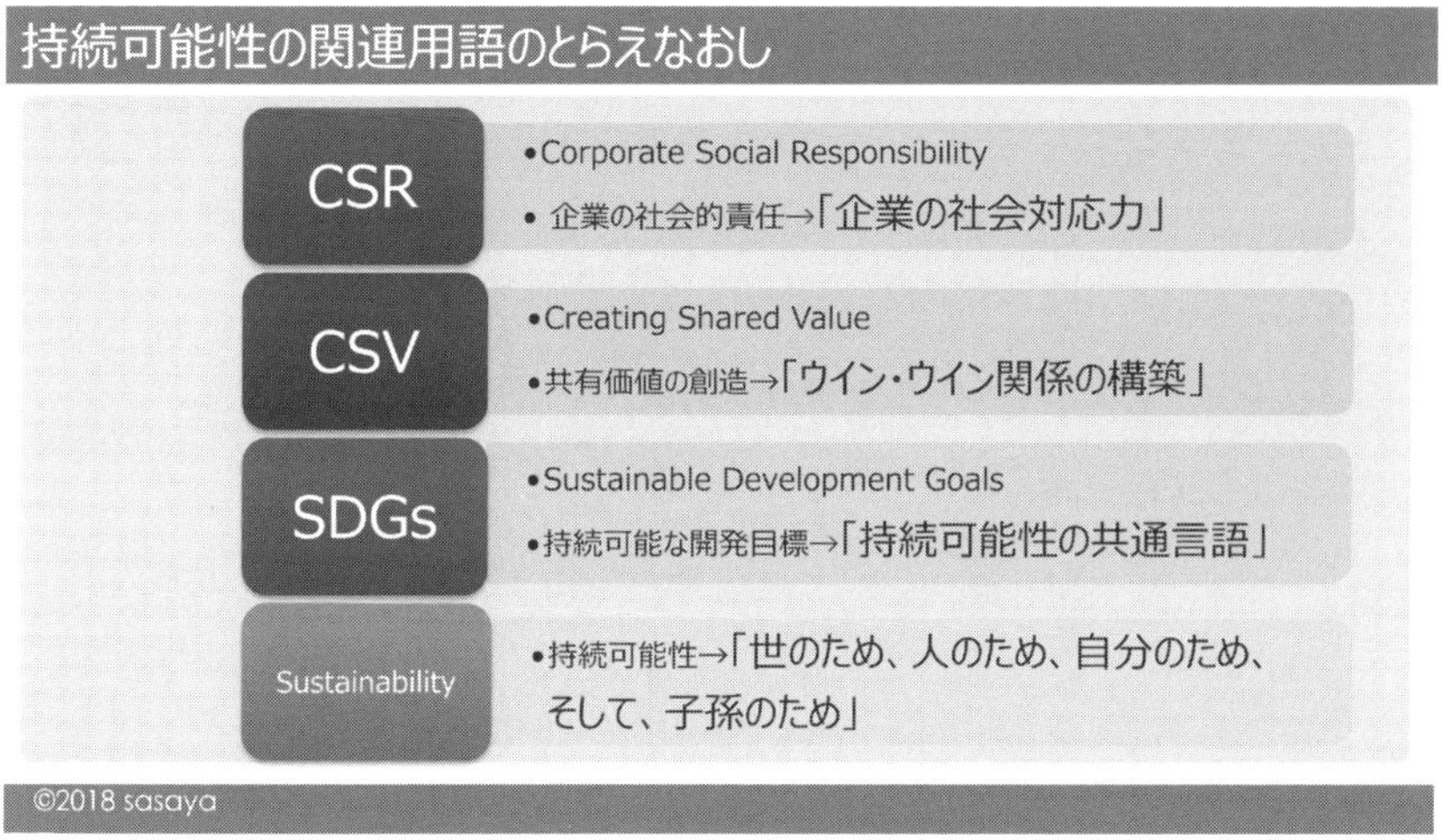
持続可能性の関連用語のとらえなおし
CSR
•Corporate Social Responsibility
• 企業の社会的責任→「企業の社会対応力」
CSV
•Creating Shared Value
•共有価値の創造→「ウイン・ウイン関係の構築」
SDGs
•Sustainable Development Goals
•持続可能な開発目標→「持続可能性の共通言語」
Sustainability
•持続可能性→「世のため、人のため、自分のため、そして、子孫のため」
©2018 sasaya

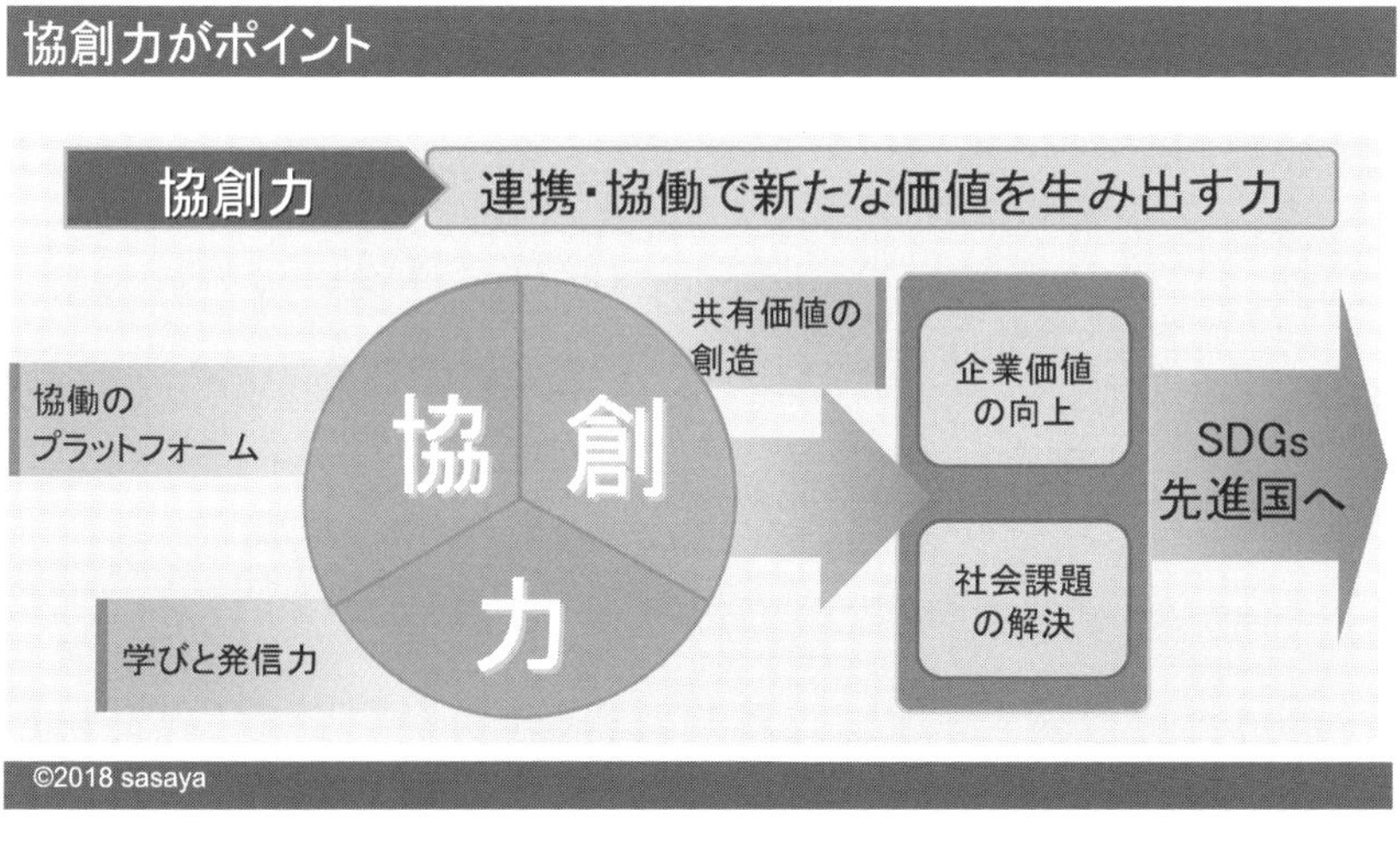
協創力がポイント
協創力
連携・協働で新たな価値を生み出す力
協働のプラットフォーム
学びと発信力
協
創
力
共有価値の創造
企業価値の向上
社会課題の解決
SDGs先進国へ
©2018 sasaya

謝辞

　本書は公開情報を基にしているが、資料の使用をご了承いただいたパナソニック、住友化学、伊藤園、福井県大野市、まちてんの関係者に謝意を表したい。事例の解釈はすべて筆者の個人としての見解である。日本経営倫理学会のご理解によりシンポジウムの概要を掲載させていただいた。本書は環境新聞での連載に加え、『オルタナ・オンライン』『月刊総務オンライン』の筆者のコラム記事も活用した。また、資料整理などご協力いただいたＪＦＥスチール・伊藤園ＯＢで友人である内野和博氏、企画・編集で大変お世話になった環境新聞社の野田宜践編集部長と福原詩央里氏に心より感謝申し上げたい。

参考文献等

外務省、「我々の世界を変革する：持続可能な開発のための 2030 アジェンダ（仮訳）」
http://www.mofa.go.jp/mofaj/files/000101402.pdf
外務省 SDGs サイト
http://www.mofa.go.jp/mofaj/gaiko/oda/about/doukou/page23_000779.html
官邸、持続可能な開発目標（ＳＤＧｓ）サイト
https://www.kantei.go.jp/jp/singi/sdgs/
国連広報センター、「2030 アジェンダ」サイト
http://www.unic.or.jp/activities/economic_social_development/sustainable_development/2030agenda/
グローバル・コンパクト・ネットワーク・ジャパン、地球環境戦略研究機関、2016「SDG コンパス」日本語版
http://www.ungcjn.org/sdgs/pdf/SDG_COMPASS_Jpn.pdf
GRI, UN Global Compact, and WBCSD　2015　“SDG Compass”
https://sdgcompass.org/
伊藤園サイト
https://www.itoen.co.jp/
住友化学サイト
https://www.sumitomo-chem.co.jp/
パナソニック、ソーラーランタン１０万台プロジェクトサイト
http://panasonic.net/sustainability/jp/lantern/
Ericsson, 2015 Corporate Responsibility And Sustainability Report
https://www.ericsson.com/assets/local/about-ericsson/sustainability-and-corporate-responsibility/documents/2015-corporate-responsibility-and-sustainability-report.pdf

環境新聞ブックレットシリーズについて

環境新聞社では、サステナブル社会の実現に向けて、地球環境時代の確かな情報源として幅広いジャンルから、専門紙の特性を生かしたタイムリーな情報を提供しています。とりわけ関心の高いホットな話題については、いまそこで何が起こっているのか、また、どこへ向かおうとしているのか、読者の疑問や要求に応える形で、その分野の専門知識に長けた記者や有識者が解析し、時代を読み解く価値ある情報として発信しています。そうした取り組みの中から、読者の反響の大きかった連載企画については、掲載記事を1冊にまとめ、手軽に読めるブックレットとして刊行することにしました。

２０１８年４月　環境新聞社編集部

著者◎笹谷 秀光（ささや・ひでみつ）
株式会社伊藤園 顧問

日本経営倫理学会理事、グローバルビジネス学会理事、サステナビリティ日本フォーラム理事、学校法人千葉学園評議員、宮崎県小林市「こばやしPR大使」、文部科学省青少年の体験活動推進企業表彰審査委員（平成26年度より）、地方創生まちづくりフォーラム「まちてん」2016／2017実行委員長、未来まちづくりフォーラム実行委員長（2019）、通訳案内士資格保有（仏語・英語）

東京大学法学部卒業。1977年農林省（現農林水産）入省。人事院研修で81-83年フランス留学、外務省出向（87-90年在米国日本大使館一等書記官）。05年環境省大臣官房審議官、06年農林水産省大臣官房審議官、07年関東森林管理局長を経て、08年退官。同年伊藤園入社、知的財産部長、経営企画部長などを経て10-14年取締役。14-18年常務執行役員・ＣＳＲ推進部長、18年5月より同社顧問。同年10月よりPwCジャパン顧問。

主な著書に『CSR新時代の競争戦略―ISO26000活用術』（日本評論社）、『協創力が稼ぐ時代―ビジネス思考の日本創生・地方創生』（ウイズワークス社）、『三方よしに学ぶ人に好かれる会社』（第10章を執筆、サンライズ出版）、『二宮尊徳の「報徳」の経営』（第7章を執筆、同友館）、『SDGsの基礎』（第3章『企業におけるＳＤＧｓ戦略』を執筆、学校法人先端教育機構 事業構想大学院大学出版部）。

講演・シンポジウム等で登壇。各種ＷＥＢサイトでコラム連載などを発信。

▼Facebookページ「笹谷秀光の『協創力』レポート」
https://www.facebook.com/sasaya.machiten/
▼月刊総務オンラインのオリジナルコラム「協創力が稼ぐ時代」
https://www.g-soumu.com/sasaya/
▼オルタナWEBコラムニスト
http://www.alterna.co.jp/author/sasaya_hidemitsu
▼一般社団法人企業研究会主催の連続講座「ESG/SDGs対応フォーラム（笹谷塾）」で講師（https://www.bri.or.jp/esg/）
▼笹谷秀光公式サイト―発信型三方良し―（https://csrsdg.com/）

環境新聞ブックレットシリーズ ⑭ **経営に生かすＳＤＧｓ講座**
―持続可能な経営のために―

2018年4月27日　第1版第1刷発行
2019年2月15日　第1版第2刷発行

著　　者　　笹谷　秀光
発 行 者　　波田　幸夫
発 行 所　　株式会社環境新聞社
〒160-0004　東京都新宿区四谷3-1-3　第一富澤ビル
TEL.03-3359-5371㈹
FAX.03-3351-1939
http://www.kankyo-news.co.jp
印刷・製本　　株式会社平河工業社
デザイン　　環境新聞社制作デザイン室

ISBN978-4-86018-352-3 C3036　定価はカバーに表示しています。